Manuel d'érotologie classique

(De figuris Veneris)

Friedrich Karl Forberg

Writat

Cette édition parue en 2023

ISBN : 9789359253916

Publié par
Writat
email : info@writat.com

Contenu

Avant-propos

Il est peut-être bon de préciser d'emblée que le « Manuel d'érotologie classique » est destiné uniquement aux étudiants en sciences classiques, aux avocats, aux psychologues et aux médecins. Nous pensons que les personnes qui pourraient le parcourir pour éveiller des sensations voluptueuses seront gravement déçues. Jamais une œuvre n'a fait l'objet d'un débat plus sérieux auprès de la presse. Il ne s'agit pas ici d'une curieuse histoire érotique née d'un esprit malade, mais d'une analyse froide et implacable de ces passions humaines avec lesquelles la science a toujours pour objectif de lutter et de renverser.

de Forberg sont également très précieuses comme base pour une interprétation correcte du drame du monde antique . En dehors de ce livre extraordinaire, *l'Histoire des habitudes, croyances et coutumes ésotériques de l'Antiquité de Rosenbaum* , nous ne connaissons aucune autre compilation qui jette un projecteur aussi intense sur ces crimes, folies et perversions du « sixième sens » qui ont transformé l'ancien sens. la gloire de la Grèce et de Rome en un mot et un reproche parmi les nations.

La traduction anglaise actuelle proposée aux érudits est entièrement nouvelle et strictement exacte. Aucune liberté n'a été prise avec le texte. On a estimé que toute tentative d'ajouter plus de couleur ou d'augmenter l' effet, impliquant un écart par rapport aux lignes de simplicité sévère établies par Forberg , aurait nui à la valeur et au caractère scientifiques de l'ouvrage.

Feu Isidore Liseux publia en 1882 une version française avec un texte latin *imprimé à cent exemplaires* « pour lui et ses amis ». Cet ouvrage est aujourd'hui très rare car l'édition entière a été souscrite en privé par des érudits et des bibliophiles avant sa parution. Bien entendu, les copistes voleurs se mirent immédiatement au travail et un misérable penny, ignorant totalement le latin et le grec, produisit une transcription anglaise pleine de défauts, basée uniquement sur le texte français.

Il n'est pas nécessaire d'ajouter qu'un livre comme celui-ci n'a aucune valeur pour l' étudiant en tant qu'ouvrage de référence, car les rendus erronés et sans force que l'on rencontre souvent dans la version de Liseux sont reproduits avec une exactitude charmante, tandis que l'absence de le texte original rend d'autant plus périlleux l'acceptation de l'ouvrage comme guide. Cela dit concernant les deux seules traductions connues, nous allons maintenant donner quelques détails sur le bon maître Forberg et ce que l'on sait de la création et de la constitution de son chef- d'œuvre .

L'auteur éminent de ce livre n'est jamais devenu célèbre. Son nom est mentionné occasionnellement à propos de l'« Hermaphroditus » d'Antonio

Beccadelli , connu sous le nom de Panormitanus , qu'il a édité. Brunet, Charles Nodier et la *Bibliographie des Ouvrages relatifs aux Femmes, à l'Amour et au Mariage* , parlez de lui à ce propos ; tandis qu'une liste de ses œuvres figure d'ailleurs dans l' *Index Locupletissimus Librorum* ou *Bücher -Lexique* (Lexique bibliographique) de Christian Gottlob Kayser , Leipzig, 1834. Mais à l'exception de l' *Allgemeine Deutsche Biographie* , dont la publication a été commencée en 1878 par la Commission historique de l'Académie de Munich, et qui lui a consacré une brève notice, tous les dictionnaires et recueils, qu'ils soient d'époque ancienne. ou de Biographie Moderne sont muets à son égard. Les *Conversations-Lexique* et la vaste Encyclopédie d' Ersch et Gruber ne contiennent pas une seule ligne sur lui, tandis que Michaud, Didot, Bachelet et Dezobry , Bouillet , Vapereau ignorent totalement son existence. Pour autant, il mérite bien un mot ou deux.

Friedrich Karl Forberg est né en 1770 à Meuselwitz , dans le duché de Saxe-Altenbourg, et est décédé en 1848 à Hildburghausen . Il fut philosophe et collaborateur de Fichte, tout en consacrant une partie de son attention à l'exégèse religieuse : mais il fut surtout un philologue et un humaniste, à la fois érudit et curieux. Il suivit d'abord la carrière d'un professeur d'université ; *Privat-docent* en 1792, professeur adjoint à la Faculté de philosophie d'Iéna (1793), il fut installé en 1796 comme co-recteur à Saalfeld. Sa thèse inaugurale : « Dissertatio inauguralis de l'esthétique transcendantali », est daté de 1792 (Iéna, 8vo.) ; cela fut suivi d'un « Traité sur les conditions originelles et les limitations formelles du libre arbitre » en allemand et d'un « Extrait de mes écrits occasionnels » également en allemand (1795). De 1796 à 1800, il écrivit abondamment pour défendre les enseignements de Fichte dans des revues, des revues, en particulier dans la Revue philosophique de Schmidt, et dans diverses publications émanant de Fichte lui-même. Il publia en outre : « Animadversiones in loca selecta Novi Testamenti » (Saalfeld, 1798, 4to.), « une Apologie pour son prétendu athéisme », en allemand (Gotha, 1799, 8vo.). « Obligations des savants », en allemand (Gotha, 1801, 8vo.), etc.

La deuxième partie de sa vie semble avoir été entièrement consacrée à la Littérature. En 1807, il fut nommé conservateur de la bibliothèque aulique de Cobourg et, lassé de la philosophie, il tourna toute son attention vers l'étude de l'antiquité latine et grecque. Auparavant, ses goûts avaient déjà été révélés par la publication de plusieurs jolies éditions des petits poètes érotiques latins ; ceux-ci forment une collection de six ou huit volumes in-16 mo., à marges rouges, et sont maintenant très difficiles à se procurer. La découverte qu'il fit dans la bibliothèque de Cobourg d'un manuscrit de l'« Hermaphrodite » de Panormitanus , offrant d'importantes nouvelles lectures et variantes du texte reçu, lui suggéra l'idée de produire une édition définitive de l'ouvrage, avec de copieux commentaires.

Le dit « Hermaphrodite » ainsi appelé, « parce que », dit La Monnoye , « toutes les ordures qui se rapportent aux deux sexes forment le thème du volume », est un recueil d'épigrammes latines agrémenté d'un patchwork de citations de Virgile, Ovide. et Martial, dans lequel la mémoire a une part bien plus grande que l'imagination, et qui ne nous a jamais paru posséder une grande valeur littéraire. Mais les malheurs que le livre a dû rencontrer, son manuscrit brûlé publiquement sur les places de Bologne, de Ferrare et de Milan, les anathèmes lancés contre lui par certains savants, et la faveur avec laquelle il a été reçu par d'autres, qui ont été heureux de réveiller par sa lecture de vieux souvenirs, lui ont donné une sorte de réputation. L'abbé Mercier de Saint-Léger fut le premier à le publier à Paris, avec les œuvres de quatre autres poètes du même genre : Ramusius de Rimini, Pacificus Maximus, Jovianus. Pontanus et Joannes Secundus [1] . Mais Forberg , tout en appréciant pleinement le travail et particulièrement le courage du savant Français, trouva beaucoup à redire ; les épigrammes de Panormitanus n'étaient pas numérotées, ce qui rendait leurs citations gênantes, un grand nombre de lectures étaient erronées, et, grâce à son manuscrit, il pouvait les corriger ; enfin, Mercier de Saint-Léger avait omis de commenter de manière continue son auteur, d'expliquer son texte au moyen de notes et de comparaisons de passages parallèles, alors que, selon Forberg , un livre de ce genre exigeait des notes par dizaines et par centaines, chaque vers, chaque hémistiche, chaque mot, offre matière à réflexions philosophiques et à des comparaisons très intéressantes. Il prit donc le livre en main et commença à rassembler avec un soin curieux tout ce que les Anciens avaient écrit sur les sujets délicats traités dans l'Hermaphrodite.

Mais arrivé au terme de sa tâche, il se rendit compte que son commentaire noierait le livre, qu'il lui serait difficilement possible d'en ajouter un vers toutes les deux ou trois pages, tout le reste du livre étant occupé par son propre esprit. notes, et que le résultat serait le chaos. Divisant son œuvre en deux parties, il laissa la plus petite sous forme d'annotations, réduites aux explications les plus indispensables, à l'« Hermaphrodite », tandis que de la seconde et plus copieuse récolte de ses recherches érudites, il composa un traité spécial, qui il l'avait imprimé en supplément sous le titre « Apophoreta » ou « Deuxième cours » ; ce traité n'étant à ses yeux qu'une sorte de dessert, faisant suite au repas copieux fourni par le poète latin du XVIe . siècle. L'ensemble forme un volume très recherché des amateurs : « Antonii Panormites *Hermaphrodite ;* primus en Germania edidit et Aphoreta adjectif Frider . Carole. Forbergius . Coburgi , sumtibus Meuseliorum , 1824, 8vo. [2]
.

Forberg , homme bon et simple, s'est trompé, à cause de sa trop grande modestie ; le vrai festin, à la fois substantiel, nourrissant et savoureux , est son propre œuvre, celle qu'il a élaborée à partir de ses propres ressources, de sa mémoire inépuisable et de son étonnante connaissance des auteurs grecs et latins jusque dans leurs moindres détails. En réimprimant cet excellent ouvrage, qui méritait sans doute d'être traduit, nous lui avons donné un nouveau titre, bien plus approprié que l'ancien, « Manuel d'érotologie classique ». En raison du charme, de l'abondance, de la variété des citations, c'est une Anthologie érotique inestimable ; en vertu de la classification méthodique des contenus adoptée par Forberg , c'est un ouvrage didactique, un véritable Manuel. Il commença par recueillir auprès des écrivains grecs et latins le plus grand nombre possible de notices éparses, qui pussent servir de points de comparaison avec les Épigrammes de Beccadelli ; s'en étant emparé d'une grande quantité, il lui vint à l'esprit de les ranger dans l'ordre, de les disposer conformément à la similitude de leur contenu, et de décider finalement de les diviser en huit chapitres, correspondant au même nombre de manifestations spéciales de la nature. la fantaisie amoureuse et ses dépravations :

JE.   — <u>De la copulation</u> .

II.   — <u>De Pédication</u> .

III.   — <u>D'Irrumation</u> .

IV.   — <u>De la masturbation</u> .

V.   — <u>Des cunnilingues</u> .

VI.   — <u>Des Tribades</u> .

VII.   — <u>Des rapports avec les animaux</u> .

VIII.   — <u>Des postures spintriennes</u> .

Il a constaté qu'il devait faire des subdivisions dans chaque classe selon la nature du sujet, pour noter les particularités, les individualités ; et le contraste entre cet appareil scientifique et les matières facétieuses soumises aux lois rigoureuses de la déduction et de la démonstration n'est pas le trait le moins amusant du livre. Il est probable que personne d'autre qu'un savant allemand n'aurait pu concevoir l'idée de classer ainsi par catégories, groupes, genres, variations, espèces et sous-espèces, toutes les formes connues de convoitises naturelles et non naturelles, selon les auteurs les plus dignes de confiance. Mais Forberg poursuivait encore un autre objectif. Au cours de ses recherches , il avait remarqué combien les annotateurs et les commentateurs sont généralement réticents à éclaircir les sujets qui semblent l'exiger le plus, les uns par suite d'une fausse réserve, d'autres par crainte de paraître trop savants, et d'autres encore par suite d'une fausse réserve. ignorance; aussi combien d'erreurs et de grossières bévues ils ont commis, parce qu'ils ne comprenaient pas le langage de l'érotisme et n'en saisissaient pas les nuances infinies.

C'est précisément sur ces passages obscurs et difficiles des poètes antiques , sur ces expressions volontairement choisies pour leur ambiguïté, qui ont été le tourment des critiques et l'énigme des commentateurs les plus érudits, que notre savant humaniste a concentré ses observations les plus convaincantes.

.

Le nombre des auteurs grecs, latins, français, allemands, anglais, hollandais, qu'il a mis à contribution pour formuler ses classifications exactes et judicieuses, s'élève jusqu'à un total formidable. On trouve dans le *Manuel d'Érotologie* environ cinq cents passages, tirés de plus de cent cinquante ouvrages, tous classés, expliqués, commentés et, dans la plupart des cas, enveloppés dans l'obscurité comme ils l'étaient auparavant, rendus clairs comme s'éclairer par le simple fait de la juxtaposition. Avec Forberg pour guide, il ne faut plus craindre désormais de s'égarer, de croire, par exemple, comme M. Leconte de Lisle, que la femme dont Horace dit qu'elle ne change ni de tenue ni de place, « *peccatve superne* « n'a pas commis d'erreur au-delà de toute mesure » ; quelle erreur ! — ou avec M. Nisard pour traduire l'expression de Suétone, « *illusre caput alicuius* » « attenter à la vie de quelqu'un » [3] !

Forberg , philosophe, a traité ces sujets délicats comme un philosophe, c'est-à-dire d'une manière purement spéculative, comme un homme tout à fait au-delà des choses terrestres, et particulièrement en ce qui concerne les lubricités qu'il s'est donné pour tâche d'examiner si bien. étroitement. Il déclare qu'il n'en sait rien personnellement, qu'il n'a jamais pensé à faire des recherches expérimentales sur eux, mais qu'il tire toutes ses connaissances des livres. Sa franchise est au-delà de tout soupçon. Il n'a pas échappé à la censure ; mais ayant une réponse prête à chaque objection et des autorités à citer sur chaque point, il trouva une réponse toute faite à ses détracteurs dans la phrase de Juste Lipsius, à qui on avait reproché de prendre plaisir aux abominations de Pétrone : « Les vins que vous servez sur la table, excitez l'ivrogne et laissez l'homme sobre parfaitement calme ; de même, ces sortes de lectures *peuvent* très probablement enflammer une imagination déjà dépravée, mais elles ne font aucune impression sur un esprit chaste et discipliné.

NOTES DE BAS DE PAGE - AVANT

1 . *Quinque illustre Poétarum , Antonii Panormites ; Ramusii Ariminensis ; Pacifique Maxime Asculani ; Io. Joviani Pontani ; Io. Secundi Hagiensis , Lusus in Venerem , partim ex codicibus manuscritis , nunc primum editi Parisiis , prostate annonce Pristrinum , à Vico suavi , (à Paris, chez Molini , rue Mignon), 1791, in-8.*

2 . A certains exemplaires s'ajoutent une trentaine de gravures représentant les principales postures érotiques ; ces gravures sont tirées des *Monuments de la Vie Privée des douze Césars* , et des *Monuments du Culte Secret des Dames Romaines* , deux œuvres, devenues chaque jour plus rares.

3 . Voir ci-dessous pp. ?? et ??? respectivement.

LES
Métamorphoses de Vénus

Nous proposons de passer en revue les différentes métamorphoses de Vénus, mais pas toutes à la vérité. Car comment préciser les mille modes ⸲ les mille formes de l'Amour, sur lesquelles se hasarde la satiété inventive du plaisir ? Mais en tout cas, ceux qui entrent dans des catégories distinctes et définies peuvent être facilement et méthodiquement classés. N'espérez pas plus, lecteur curieux. Nous ne sommes pas de ceux qui recherchent une petite gloire personnelle en dévoilant les résultats de leur propre expérience ou en décrivant de nouveaux *tours de force* dans l'école de lutte ; nous ne sommes pas seulement des recrues brutes à ce jeu-là. Notre intention n'est pas non plus de révéler ce que nous avons vu ou entendu à ce sujet . Si nous *le voulions* , nous ne le pourrions pas, — à votre satisfaction, car les livres sont notre seule autorité. Nous sommes uniquement et entièrement des bookmen et fréquentons à peine nos semblables.

Ces bagatelles retinrent d'abord notre attention comme un simple passe-temps. C'est par hasard que nous y sommes arrivés, alors que nous allions de sujet en sujet de philosophie, le jardin dans lequel nous avions espéré installer notre tente pour la vie est désolé. Comment la philosophie *peut-elle* prospérer à une époque comme la nôtre, où presque chaque jour nouveau voit surgir de nouveaux systèmes, pour s'éteindre à nouveau demain ; quand il y a autant de philosophes que de philosophies, quand les écoles ont cessé d'exister, quand au lieu de groupes on ne rencontre que des individus ? Notre deuxième motif était d'apporter une certaine satisfaction, même minime, aux affirmations de ces lecteurs qui se trouvent très souvent déconcertés par le caractère peu conventionnel des auteurs anciens et leurs bons mots francs, et qui se plaignent à juste titre de la brièveté prude ou du silence total des auteurs anciens. Des commentateurs qui laissent leurs difficultés inexpliquées. Bien entendu, ces derniers écrivaient pour les jeunes ; et personne ne peut, dans ces circonstances, leur reprocher de ne pas s'être attardé avec soin et curiosité sur des secrets honteux.

Si nous avons commis des erreurs, imputons-en la faute, d'abord à notre manque de mobilier intellectuel, ensuite à notre ignorance des formes les plus rares de luxure, ignorance qui prévaut dans les petites villes, et enfin, s'il vous plaît, mettez cela est dû à la simplicité honnête des *membres de nos citoyens de Cobourg* .

Nous ne faisons que suivre l'exemple des autres. Nous avons des prédécesseurs en Astyanassa , qui, selon Suidas [5], a été le premier à écrire « des Postures Érotiques » ; et dans Philénis de Samos [6] , ou plutôt, pour ne priver personne de son dû, Polycrate, sophiste athénien, qui fit paraître sous le nom d'une honorable matrone un livre sur les diverses postures de l'amour. Puis il y avait Elephantis [7] ou Elephantiné , une jeune fille grecque, dont Tibère aurait meublé sa chambre à coucher avec les écrits licencieux ; aussi Paxamus [8] qui composa le *Dodécatechnon* sur des postures lascives ; et Sotades [9] de Maroneia , surnommé le Cinaedologue , du nom duquel toute une classe de littérature, remarquable par son excès de lubrification, est connue sous le nom de Sotadic ; et Sabellus , dont parle Martial : « Tu m'as lu, ô Sabellus , des vers copieux, mais trop copieux, sur des sujets scandaleux , tels que ne connaissent ni les servantes de Didyme ‚ ni les traités insensés d' Éléphantis . Il y a là de nouvelles postures d'Amour que le fornicateur désespéré essaie, et que les débauchés utilisent, mais ne racontent jamais , comment groupées en série cinq s'accouplent à la fois, comment un plus grand nombre peut encore former une chaîne. Être érudit ne valait guère la peine.

Parmi nos prédécesseurs se trouvait d'ailleurs le célèbre Pietro Aretino [11] , homme d'un génie presque divin, que la rumeur malveillante représente comme ayant illustré seize planches peintes par Julio Romano et gravées sur cuivre par Marc-Antonio avec des vers indécents au-delà de toute expression. ; Encore Lorenzo Veniero [12] , noble vénitien, auteur d'un petit ouvrage en italien, portant le titre *La Puttana Errante* (La Putain errante), dans lequel il a entrepris de préciser pas moins de trente-cinq modes d'aimer. Il y avait enfin Nicolas Chorier , avocat français, qui sous le nom d' Aloysia Sigaea , une jeune dame espagnole, nous a offert les *Satirae Sotadicae d' arcanis Amoris et Veneris* (Satires sotadiques sur les rites secrets de l'amour et de Vénus) ; bien que le livre apparaisse également sous le nom de Joannes Meursius avec le titre *Elegantiae Latine Sermonis* (Grâces de la prose latine). Dans ce livre vous ne savez lequel admirer le plus, le style à la fois élégant, correct et soigné, mais exempt de pédantisme, l'esprit également gai et gracieux, les étincelles brillantes de l'érudition latine qui brillent partout, l'éloquence riche et copieuse qui orne comme pour les bijoux par des mots et des phrases polis et lumineux d'une agréable saveur antique , ou enfin l'habileté prééminente déployée à varier avec une telle polyvalence un thème simple. Les autres, nous n'avons pas besoin de les mentionner davantage.

Nos prédécesseurs, soit les plus modernes, soit ceux de l'Antiquité que nous avons cités, et dont tous les ouvrages, hélas ! le temps envieux nous a dépouillé, ne manquait pas de critiques sévères, ni encore de lecteurs studieux. Et notre propre traité rencontrera sans doute à son tour ces deux classes. C'est un livre d'homme ; nous l'avons écrit, sans craindre la censure, pour les hommes, non pour ceux qui ont l'habitude, avec un front grandissant , de «fourcher la nature dehors», mais plutôt pour ceux qui ont une fois pour toutes osé vivre leur vie, qui ne veulent pas vivre leur vie. se cacher dans les ténèbres ni encore défier la journée portes ouvertes avec effronterie, en un mot pour ceux qui pensent qu'en amour comme en tout le juste milieu est la voie à choisir. Laissons les autres passer leur chemin, et s'arrogeant le titre de sages !

LE travail de Vénus peut s'accomplir avec ou sans l'aide de la *mentula* (membre viril). Si avec la mentula, la friction de cet organe, en quoi consiste la friction tout le plaisir, peut s'effectuer soit dans la *vulve* (organe féminin), dans l' *anus* (trou du cul), dans la bouche, par la main ou dans n'importe quel autre endroit. cavité du corps. Sans la mentula, la vulve peut être travaillée soit avec la langue, soit avec le clitoris, soit avec tout objet ressemblant à l'organe viril.

NOTES DE BAS DE PAGE - LES Métamorphoses de Vénus

4 . Ovide, *L'Art d'aimer* , I., 435, 36 : « Pour dénoncer pleinement les ruses impies des prostituées, dix bouches et autant de langues en plus ne suffiraient pas. »

Aloysie Sigaea : « Le corps en sacrifice à Vénus peut prendre autant de postures qu'il y a de façons de se plier et de se courber. Il est également impossible de les énumérer toutes, car il s'agit de dire laquelle est la plus propre à donner du plaisir. Chacun agit à cet égard selon son propre caprice, selon le lieu, le temps, etc., choisissant celui qu'il préfère. L'amour n'est pas identique pour tous. (Dialogue VI.)

5 . Suidas sous *Astyanassa* : « Astyanassa , servante d'Hélène, épouse de Ménélas, qui fut la première à inventer les différentes positions dans l'acte d'amour. Elle a écrit « Des postures érotiques » ; et a été suivi et imité par Philaenis et Éléphantine, qui ont poussé plus loin la série de telles obscénités.

6 . *Priapeia* , LXIII : « Chez elle, une certaine fille (j'ai failli lui donner son nom) a l'habitude de venir avec son amant ; et si elle ne parvient pas à découvrir autant de postures que celles décrites par Philaenis , elle repart encore démangeante de désir.

Philaenis a trouvé un champion de sa réputation en Aeschrion , qui a écrit pour elle une épitaphe qui existe encore dans *Athénée* , livre. VIII. ch. 13 : Les dernières lignes se lisent comme suit : « Je n'étais ni lubrique ni fou ; mais Polycrate, un Athénien de race, un battant de moulins à paroles, un sophiste grossier, a écrit — ce qu'il a écrit ; Je ne sais rien de tout cela.

Ses œuvres étaient familières à Timarque dans Lucien (*Apophras* , p. 158,— vol. VII., des Œuvres de Lucien, édité. JP Schmid) : « Dites-moi où vous trouvez ces mots et expressions, — dans quels livres ? est-ce dans les volumes de Philaenis , qui sont toujours entre vos mains ?

7 . Suétone, *Tibère* , ch. 43 : « Il décora ses chambres à coucher diverses et diversement disposées avec des images et des bas-reliefs du caractère le plus licencieux, et les meuble avec les œuvres de Philaenis , afin que personne ne veuille, en jouant, un modèle de la posture requise. »

Priapeia , III : « Prenant des photos des traités licencieux d' Eléphantis , Lalagé les présente en offrande au dieu raide et vous prie de prouver si elle se comporte conformément aux postures représentées. »

Il semblerait donc que des artistes aient représenté les postures décrites par Elephantis , elle-même donnant peut-être l'exemple. Des tableaux comme ceux que Lalagé consacre à Priape et demande à son amant de l'avoir et de voir si elle est une élève docile à imiter fidèlement tous les modes de connexion qui y sont représentés. Sans doute de telles représentations de postures licencieuses, tirées des œuvres d' Éléphantis , de Philaenis ou d'ailleurs, ont stimulé l'ingéniosité des Artistes pour élaborer par émulation ces *motifs séduisants* au plus haut degré de finition. *Ovide* fait allusion à de telles œuvres d'art dans son *Art de l'Amour*, II., 680 : « Elles s'unissent dans l'Amour en mille postures ; aucune image ne pourrait en suggérer de nouvelles... » ; ainsi que l'auteur d'une ancienne épigramme citée par *Joseph Scaliger* dans son Commentaire sur la *Priapée* , III.; "Et quand elle s'est jetée dans toutes les postures à l'imitation des tableaux séduisants, elle peut s'en aller : mais que le tableau reste suspendu au-dessus de mon lit." Rien n'était plus courant chez les Romains que de décorer les murs et les cloisons des pièces avec des peintures licencieuses, comme on peut le constater dans Properce II, vi, 27 sqq . : « La main qui la première peignait des tableaux sales et exposait des vues immondes d'une manière honnête. maison, a corrompu les yeux purs des jeunes filles et a choisi de les rendre complices de sa propre lubricité. Autrefois, nos murs n'étaient pas barbouillés de fantaisies aussi viles, alors que jamais une cloison n'était ornée d'un sujet vicieux.

<u>8</u> . *Suidas* : « Paxamus a écrit le *Dodécatechnon* ; le sujet, ce sont les postures obscènes. Mais je pense qu'il n'a aucune bonne raison de rattacher à cela l'épithète *Dodécamechanos* donnée à un certain Cyrené . Ladite demoiselle dévergondée semble avoir pratiqué plutôt que décrit les douze postures de Vénus. *Suidas* sous *Dodécamechanon* : « Il y avait une *hétaïre célèbre* , du nom de Cyrené , plus connue sous le nom de *Dodécamechanon* , parce qu'elle pratiquait douze postures différentes pour faire l'amour. »

Aristophane dit dans les *Grenouilles* , 1361-63 : « Oserez-vous critiquer mes chants, vous qui modulez vos cadences sur les douze postures de Cyrène ? » Son nom apparaît également dans les *Thesmophoriazusae* (104), mais simplement son nom. (Notre règle invariable est de citer l'édition d'Aristophane de Burmann .) Je doute que Musaeus doive être compté parmi les écrivains sur les postures érotiques. Martial, XII., 97 recommande à Instantius Rufus de lire ses livres (Musaeus), comme étant d'une lascivité la plus avancée, rivalisant d'obscénité avec ceux des Sybarites et pleins de l'esprit le plus suggestif et le plus épicé ; l'avertissant en même temps d'avoir sa fille à portée de main, s'il ne voulait pas que ses mains exécutent la marche nuptiale et consomment le mariage sans aucune femme.

<u>9</u> . *Athénée* , XIV., 13 : « Le dialecte ionique doit également montrer les poèmes de Sotades et les poèmes « ioniques » précédant le sien, ceux d'Alexandre l'Étolien, du Bûcher de Milet, d'Alexis et d'autres de la même

classe. Ce dernier mentionné est connu sous le nom de Cinédologue . Mais dans ce *genre,* l'écrivain le plus éminent est Sotades , de Maronée , comme le déclarent Carystius de Pergame dans son ouvrage sur Sotades , et Apollonius, le fils de Sotades , qui écrivit également un ouvrage sur les poèmes de son père. «Sa fin a été misérable. Après avoir assailli Ptolémée Philadelphe, roi d'Egypte, avec des mots trop indépendants pour les oreilles sensibles des princes, le roi le fit enfermer dans un coffret de plomb et le jeter à la mer.

dix . Qui étaient ces « servantes de Didyme ». Personne ne sait. A défaut de supposition plus plausible, on peut très bien conjecturer que parmi les quatre mille ouvrages écrits d'après Sénèque (Lettre LXXX.-VIII.) par le grammairien Didyme, il y en avait un sur les postures des jeunes filles lascives, digne d'être nommé côté à côté des traités d' Eléphantis . Sans aucun doute, un homme qui se consacrait à des questions aussi subtiles que celles de savoir si Anacréon était plus libertin qu'ivrogne, si Sappho était ou non une femme publique, était très susceptible de discuter des postures érotiques.

11 . Voir Dictionnaire *Bayle* , article : *Pierre Arétin* ; aussi Murr *Journal zur Kunstgeschichte* (Annuaire de l'histoire de l'art), vol. XIV., p. 1-72.

12 . *Pierre Bayle* , dans son Dictionnaire, sous *Pierre Arétin* : « Il y a un *dialogue entre Maddalena et Giulia* , intitulé *La Puttana Errante* (La pute errante), dans laquelle sont traités de manière exhaustive *je diversi congiungimenti* (les différents modes de rapports sexuels), au nombre de trente-cinq. Aretino, bien que le livre ait toujours été imprimé sous son nom, le nie, déclarant qu'il est l'œuvre d'un de ses élèves nommé Veniero . *Brunet* , Manuel du Libraire. "Le *Puttana errante* , un petit livre très rare, tout à fait digne de l'Arétin en raison des obscénités qu'il contient, mais qui lui a été attribué à tort. Lorenzo Veniero , un noble vénitien, en est le véritable auteur. Il l'a publié pour se venger d'une courtisane vénitienne nommée Angela, qu'il désigne sous le nom insultant de Zaffetta , c'est-à-dire, en dialecte vénitien, fille d'un espion de la police.

[*Bayle* , *Forberg* et bien d' autres auteurs ont confondu le *Puttana errante* , un poème de Lorenzo Veniero et une parodie burlesque des Romans de chevalerie, avec le *Dialogue entre Maddalena et Giulia* , une œuvre en prose à laquelle les Elzévirs donnèrent le titre propre au poème. Ni l'un ni l'autre ne sont l'œuvre de Pietro Aretino. Voir note à la fin du vol. VI. des *Dialogues du divin Pietro Aretino* , Paris, Liseux , 1879, 3 vol. 18°, et Londres, 1880, 3 vol. 18°. [Note de la traduction française de Forberg , *Manuel d'Érotologie classique* , Paris, Liseux , 1882.]]

CHAPITRE I

DE COPULATION

ET considérons d' abord ce qui s'accomplit grâce à la mentula introduite dans la vulve. Il s'agit, à proprement parler, d'effectuer la copulation ; mais il existe différentes manières de procéder. En effet, la copulation peut s'effectuer : l'homme face contre terre avec la femme sur le dos, l'homme sur le dos avec la femme face contre terre, l'homme sur le dos avec la femme lui tournant le dos ; l'homme assis avec la femme qui lui tourne le visage, assis avec la femme qui lui tourne le dos ; l'homme debout ou agenouillé avec la femme tournant son visage vers lui, debout ou agenouillé avec la femme lui tournant le dos. Examinons chacune de ces méthodes séparément.

Le coït avec l'homme face contre terre sur la femme couchée sur le dos est la méthode ordinaire et la plus naturelle.

Aloysie Sigaea dit :

> « Pour ma part, j'aime mieux la coutume habituelle et la méthode ordinaire : l'homme doit s'allonger sur la femme, qui est sur le dos, poitrine contre poitrine, ventre contre ventre, pubis contre pubis, perçant sa tendre fente avec sa lance rigide. . En effet, quoi de plus doux que de voir la femme allongée sur le dos, portant le poids bienvenu du corps de son amant, et l'excitant aux tendres transports d'une volupté inquiète mais délicieuse ? Quoi de plus agréable que de se régaler du visage de son amant, de ses baisers, de ses soupirs et du feu de ses yeux dévergondés ? Quoi de mieux que de serrer l'être aimé dans ses bras et d'éveiller ainsi de nouveaux feux de désir, de participer à des sensations amoureuses sans aucune souillure d'âge ou d'infirmité ? Quoi de plus propice au plaisir et à la jouissance de tous deux que de tels mouvements lascifs donnés et reçus ? Quoi de plus opportun, à l'instant de mourir d'une mort voluptueuse, que de se relever sous la vigueur vivifiante de baisers brûlants ? Celui qui fait tourner Vénus sur l'envers ne satisfait qu'un seul de ses sens, celui qui fait la même chose face à face les satisfait tous. (Dialogue VI.)

Ovide, le Maître des Mystères des Amours, invite les jolies femmes à prendre de préférence cette posture :

> «Voyez-vous évaluer chacun de vos charmes et prendre votre posture selon votre beauté. Un seul et même mode ne convient pas à toutes les femmes. Vous êtes particulièrement attirant de visage ; puis allonge-toi sur le dos. (*L'Art de l'Amour* , III., 771-773.)

Cette posture n'est en aucun cas limitée à un seul mode. La femme allongée sur le dos, le cavalier peut la serrer entre ses jambes, ou bien elle peut le recevoir entre les siennes. Une autre position peut encore être adoptée, selon que la femme s'allonge sur le dos, les jambes bien écartées ou les genoux relevés.

C'est cette position, allongée sur le dos, jambes bien écartées, que Caviceo demande à Olympia de prendre pour faire l'amour :

> « Je ne souhaite pas que vous, dit-il, travailliez vos fesses, ni que vous répondiez par des mouvements correspondants à mes efforts. Je ne veux pas non plus que tu relèves tes jambes, soit les deux à la fois, soit l'une après l'autre, quand je t'aurai monté. Ce que je souhaite que vous fassiez est ceci : commencez par étirer vos cuisses aussi loin que possible, ouvrez-les aussi largement qu'une femme le peut. Offrez votre vulve au membre qui va la percer, et sans altérer cette position, laissez- *moi* terminer le travail.... Comptez mes coups un à un, et veillez à ce que vous ne vous trompiez pas sur le total » (Aloysia Sigaea , Dialogue V.).

Voudriez-vous en voir une représentation ? Prenez le conte *Félicia ou mes fredaines* , partie II., ch. xxv, et regardez la planche face au texte.

L'autre position, dans laquelle la femme est allongée, les genoux relevés, est celle que Callias fait prendre à Tullia :

> « Après m'être couché sur votre cher corps, dit-il, serrez-moi fermement dans vos bras et tenez-moi ainsi embrassé. Tirez vos jambes en arrière le plus loin possible, pour que vos jolis pieds touchent vos fesses, lisses comme du marbre » (Aloysia Sigée , Dialogue VI.).

Si vous voulez entrer dans la femme allongée sur le dos, les jambes en l'air, cela peut se faire d'une autre manière encore que celle de Tullia , et peut-être plus délicieuse encore, en plaçant votre maîtresse de manière à ce qu'elle repose les jambes croisées sur les reins. de son cavalier. Une représentation de cette posture très agréable, qui réveillerait l'outil engourdi d'un Hippolyte, se trouve dans la partie IV. de la *Félicia* mentionnée ci-dessus. Il existe une autre planche similaire au ch. XXI, non sans charme. Doris, dans l'épigramme de Sosipator , vol. I. des *Analecta* de Brunck (p. 584), semble aussi avoir fait un essai de cette figure :

> « Quand j'étendais Doris aux fesses roses sur le lit, je me sentais immortelle dans ma vigueur juvénile ; car elle m'a coupé par le milieu avec ses jambes fortes, et a parcouru sans relâche le long parcours de l'Amour.

Doris ne l'enfourcha pas ; l'expression « Quand je m'étirais » le montre ; elle était allongée sur le dos et, les pieds levés, elle serrait son cavalier.

Mais encore une fois, les pieds de la femme allongée sur le dos peuvent aussi être soutenus par d'autres. Aloysio jouit ainsi de Tullia avec l'aide de Fabrizio, dans le VI. Dialogue d' Aloysia Sigaea , où Tullia s'exprime ainsi :

> « Aloysio et Fabrizio accourent vers moi. « Lève tes jambes », me dit Aloysio en me menaçant avec son coutelas. Je les ai soulevés. Puis il s'allonge sur mon sein et plonge son coutelas dans ma plaie toujours ouverte . Fabrice leva mes deux jambes en l'air, et glissant une main sous chacun de mes jambons, remue pour moi mes reins sans aucune gêne de ma part. Quelle manière singulière et agréable de vous faire bouger ! J'ai déclaré que j'étais en feu, mais avant de pouvoir terminer ma phrase, l'écume débordante de Vénus a éteint le feu » [13] .

C'est aussi les pieds en l'air, soit de son plein gré, soit secondée par un autre, que Léda se donne, avec le consentement de son mari, aux médecins appelés, comme Martial décrit la scène :

> « À son ancien conjoint, Leda s'était déclarée hystérique et se plaint qu'elle doit être f. .. coché ; Pourtant, avec des larmes et des gémissements, elle n'achètera pas la santé à un tel prix et jure qu'elle préférerait mourir. Le mari la supplie de vivre, de ne pas mourir dans sa jeunesse et sa beauté ; et permet aux autres de faire ce qu'il ne peut pas faire lui-même. Aussitôt les médecins arrivent, les matrones se retirent ; et les jambes de la femme s'élèvent en l'air ; Oh! médecine grave et sévère ! (XI., 72.)

Face à elle, l'homme peut faire les affaires de la femme, tandis qu'elle est à moitié allongée, soit obliquement dans le lit, soit sur une chaise, soit couchée de côté.

Cette dernière position est recommandée par Ovide à la femme aux cuisses arrondies et à la silhouette irréprochable :

> « Celle qui a une jeune cuisse arrondie et une poitrine impeccable doit toujours être allongée de côté sur le canapé » [14] (*Art of Love* , II., v. 781, 782).

La copulation face à face avec la femme assise obliquement est décrite par Aloysia Sigaea avec son élégance et sa vivacité habituelle :

> « Caviceo est arrivé, gai et joyeux» (c'est Olympia qui parle). « Il me dépouille de ma chemise, et sa main libertine touche mes parties. Il me dit de me rasseoir comme j'étais assis auparavant, et place une chaise sous chaque pied de manière à ce que mes jambes soient levées haut dans les airs et que la porte de mon jardin soit grande ouverte

aux assauts auxquels je m'attendais. Il glisse alors sa main droite sous mes fesses et m'attire un peu plus près de lui. De sa gauche, il soutenait le poids de sa lance. Puis il s'est couché sur moi... a posé son bélier contre ma porte, a inséré la tête de son membre dans la fissure la plus externe, en ouvrant les lèvres avec ses doigts. Mais il s'arrêta là et, pendant un moment , ne lança plus d'attaque. "Octavia la plus douce", dit-il, "serre-moi fermement, lève ta cuisse droite et pose-la sur mon côté." — «Je ne sais pas ce que tu veux», dis-je. En entendant cela, il souleva ma cuisse de sa propre main et la guida autour de son rein, comme il le souhaitait ; finalement il enfonça sa flèche dans la cible de Vénus. Au début, il pousse avec des coups doux, puis plus rapidement, et enfin avec une telle force que je ne peux douter que je coure un grand danger. Son membre était dur comme de la corne, et il l'enfonça si cruellement que je m'écriai : « Vous allez me mettre en pièces. Il s'arrêta un instant de son travail. « Je vous implore de vous taire, ma chère », dit-il, « cela ne peut se faire que de cette façon ; endurez-le sans broncher. Sa main glissa de nouveau sous mes fesses, m'attirant plus près, car j'avais fait semblant de reculer, et sans plus tarder il me donna des coups si rapides et si furieux que je faillis m'évanouir. D'un violent effort, il enfonça sa lance en plein dans la plaie, et la pointe se fixa au fond de la blessure. Je crie... Caviceo crachait son exsudation vénérienne , et je me sentais irrigué par une pluie brûlante... Au moment où Caviceo se détendait, j'éprouvais une sorte de démangeaison voluptueuse comme si je faisais de l'eau ; involontairement je recule un peu mes fesses, et en un instant je sentis avec un plaisir suprême couler de moi quelque chose qui me chatouillait délicieusement. Mes yeux me manquaient, ma respiration devenait épaisse, mon visage était en feu et je sentais tout mon corps fondre. « Ah ! ah ! ah ! mon Caviceo , je vais m'évanouir", m'écriai-je; « Retiens mon âme, elle s'échappe de mon corps » (Dialogue V.).

Enfin la conjonction avec la femme couchée sur le côté, notamment du côté droit, est jugée par Ovide la plus simple, demandant le moins d'effort :

« Il y a mille modes d'Amour ; le plus simple et le moins laborieux de tous est lorsque la femme est allongée sur le côté droit » (*Art of Love* , III., 787, 88).

Cette position est surtout la plus pratique pour les femmes de grande taille :

« Qu'elle presse le lit avec ses genoux, le cou légèrement courbé, elle dont la principale beauté est son long flanc galbé » (*Art of Love* , III., v. 779, 80).

Il semble que la Phyllis de Martial se soit laissée faire ainsi :

« Deux heures du matin arrivèrent, qui voulaient coucher avec Phyllis, et chacun devait être le premier à tenir son corps nu dans ses bras ; Phyllis a promis de les satisfaire tous les deux ensemble, et elle l'a fait ; l'une lui souleva la jambe, l'autre sa tunique » (X., 81).

Elle était allongée sur le côté ; la f... leva la jambe ; le pédéraste sa tunique.

Nous arrivons maintenant à la manière dont l'homme couché sur le dos a une relation avec la femme face contre terre. Les pièces sont interchangées ; la femme joue le cavalier et l'homme le cheval. Ce personnage s'appelait le cheval d'Hector.

Martial dit :

« Derrière les portes, les esclaves phrygiens se masturbaient chaque fois qu'Andromaché montait sur son cheval Hector » (XI., 105).

Ovide, cependant, avec beaucoup de sagacité, nie que cette posture ait pu plaire à Andromaché ; sa taille était trop grande pour que cela lui fût agréable ou même possible. C'est pour les petites femmes, qu'il est agréable d'être ainsi placé :

« Une petite femme peut très bien monter à califourchon sur son cheval ; mais si grande et majestueuse qu'elle fût, la fiancée thébaine ne monta jamais sur le cheval hectorien » (*Art of Love* , III., v. 777, 778).

Il ne nous appartient pas de trancher la question.

C'est en tout cas Sempronia qui adopte cette posture avec Crisogono .

« Il ne pouvait plus attendre : « Êtes-vous déshabillé », a déclaré Crisogono . "Maintenant, ma Sempronia , prends la position qui me fait tant de plaisir, tu sais laquelle." Il s'étend sur le dos, elle se met à califourchon sur lui, le visage tourné vers lui, et de sa propre main guide sa flèche brûlante entre ses cuisses. » (Aloysia Sigaea , composez. VII).

C'est la même attitude qui, chez Horace, est imposée par l'esclave à la petite prostituée, qui :

"... nue à la lumière de la lanterne, exécutant des ruses dévergondées et remuant les fesses du cheval sous elle" (Sat. II. vii, v. 50).

Quant à la matrone dont parle le v. 64 de la même satire comme « n'ayant jamais péché *là-haut* », sans doute cette posture ne lui convenait pas. Les femmes n'ont pas toutes les mêmes goûts.

Évidemment, cela n'était pas du goût de la jeune fille à qui Xanthias dans *Les Guêpes d'Aristophane* (v. 499) avait demandé de le monter ; car elle lui demande avec indignation, et en jouant sur le double sens du mot (Hippias et ———, un cheval), s'il était pour le rétablissement de la tyrannie d'Hippias : « Irritée, elle me demanda si je voulais faire revivre la tyrannie d'Hippias. .»

Toujours dans sa *Lysistrata* (v. 678), ce maître à l'esprit dévergondé souligne la même chose, déclarant que le sexe féminin est très doué pour l'équitation et aime la conduite : « La femme aime monter à cheval et s'y tenir. »

Aristophane se moque également de ceux dont il dit, au vers 60 de la même pièce, qu'ils sont à bord de leurs barques. "Ils sont montés sur leurs chargeurs." Car ——— signifie à la fois un navire et un cheval. Plango à Asclépiades, chez Brunck *Analecta* , vol. I., 217, affecte le même chiffre.

> Philaenis en équitation , tandis que ses coursiers hespériens écumaient sous ses rênes."

Plus experte encore dans ce genre de chevauchées amoureuses que Philénis elle-même, cette ardente adepte du plaisir remercie Vénus dans cette épigramme, d'avoir su tellement épuiser certains galants hespériens qu'elle avait montés, qu'ils l'avaient laissée avec des membres dévergondés tous. tombants et ne ressentant aucun désir en eux. Enfourcher les hommes était aussi le passe-temps favori de Lysidicé , qui ne se lassait jamais au service de Vénus, dont parle l'épigramme suivante d'Asclépiade :

> "Beaucoup de chevaux ont-elle monté sous elle, sans jamais s'être écorché la cuisse avec tous ses mouvements agiles."

Les courtisanes consacrèrent à Vénus un fouet, un mors, un éperon, pour signifier qu'avec leurs clients elles aiment mieux se poser ainsi, et qu'elles préféraient monter elles-mêmes plutôt qu'être montées, rien de plus.

Il en est de même lorsque, dans Apulée, Fotis rassasiait son Lucius des plaisirs de la Vénus ondulante :

> «En disant cela, elle sauta sur le canapé et, assise sur moi à l'envers, faisant jouer ses hanches, faisant vibrer sa colonne vertébrale souple lascivement, elle me rassasia des délices de la Vénus ondulante, jusqu'à ce que nous soyons tous les deux épuisés, impuissants et avec des membres inutiles, sombrés. , exhalant nos âmes dans des étreintes mutuelles » (*Métamorphe* . , II., ch. II).

Le personnage suivant, l'homme couché sur le dos et la femme lui tournant le dos, est exécuté par Rangoni avec Ottavia , sous la direction de Tullia :

RANGONI : Regardez comme je me tiens raide ! Mais je veux essayer le bonheur d'une nouvelle manière.

TULLIA : D'une manière nouvelle ? Non! Je jure par mon âme dévergondée que vous ne le ferez pas. Vous ne prendrez pas une nouvelle voie.

RANGONI : C'était un lapsus ; Je voulais dire une nouvelle posture.

TULLIA : Et quel genre de personne ? J'ai une idée... comment on appelle le cheval d'Hector. Allonge-toi sur le dos, Rangoni ; que ta puissante lance tienne ferme face à l'ennemi, qui doit être transpercé, Bravo !

OTTAVIA : Que dois-je faire, Tullia ?

TULLIA : Attachez Rangoni entre vos cuisses, en le montant à califourchon. Son coutelas pendant qu'il repose devrait rencontrer votre fourreau posé dessus. Pourquoi! vous avez admirablement pris ce poste. Excellent!

RANGONI : Ah ! quel dos, digne de Vénus ! Oh! les côtés ivoire ! Oh! les fesses invitantes !

TULLIA : Pas de vilains mots ! Celui qui vante les fesses, calomnie la vulve ! Tu sais mieux, Ottavia ! Sa vulve gourmande a avalé ton membre hérissé en entier, Rangoni .

OTTAVIA : Vite, Rangoni , ça arrive !... vite, vite, aide-moi !

RANGONI : J'arrive, Ottavia , — j'arrive ! L'êtes- vous ? — L'êtes-vous, chérie !

TULLIA : Et maintenant ? Êtes-vous si vite finis, vous deux ? (Aloysie Sigaea , composez. VI).

Les mystères pygiaques [15], auxquels Eumolpus dans Pétrone (Satires, ch. cxl), invite une jeune fille, se réfèrent à la posture pratiquée par l'homme couché sur le dos, avec la femme sur lui, le dos tourné vers lui.

« Eumolpus n'hésita pas à inviter la jeune fille aux mystères pygiaques , mais la pria de s'asseoir sur la bonté qu'elle connaissait (celui-là, à la bonté duquel la mère avait recommandé sa fille), et ordonna à Corax de continuer. son ventre sous le lit sur lequel il se trouvait, afin que, les mains appuyées contre le sol, il puisse assister dans ses mouvements ceux de son maître. Corax obéit, commençant par de lentes ondulations répondant à celles de la jeune fille. Lorsque la crise approchait, Eumolpus exhorta Corax d'une voix forte à accélérer ses mouvements. Ainsi placé entre sa servante et sa maîtresse, le vieillard prenait son plaisir comme dans une balançoire.

Serait-il surprenant que, dans ces mystères postérieurs, le membre d'Eumolpus se soit par hasard trompé et ait pris par erreur un orifice pour l'autre ?

Vous trouverez cette figure représentée dans une gravure sur cuivre dans le très élégant livre de d'Hancarville , *Monuments du culte secret des dames romaines* , ch. xxv, et vous serez heureux de connaître la note avec laquelle le savant annotateur l'accompagne.

« Cette attitude est du goût de beaucoup d'hommes, et même les dames trouvent un plaisir accru à la pratiquer . On suppose que Priape pénètre plus loin, et que la belle par ses mouvements se procure une jouissance plus voluptueuse et une libation plus abondante.

Est-il possible pour l'homme, commodément, de gérer l'entreprise tout en tournant le dos à la femme allongée sur le dos ? Les experts doivent trancher. Aloysie Sigaea dit avec bon sens :

« Il existe de nombreuses postures impossibles à exécuter, même en supposant que les articulations et les reins des candidats aux joies sacrées de Vénus soient plus souples qu'on ne peut le croire. À force de réflexion et de réflexion, plus d'idées viennent à l'imagination qu'il n'est possible d'en réaliser : rien n'est inconcevable aux aspirations d'une volonté débridée ; rien de difficile à une imagination furieuse et déréglée. L'amour trouvera un chemin ; et des montagnes ardentes et fantaisistes . Seul le corps est incapable de se conformer à tout ce que l'esprit, bon ou mauvais, suggère.

Dans un autre ouvrage de d'Hancarville , *Monuments de la vie privée des douze Césars* , planche XXVII., vous trouvez représentés des hommes assis et copulant avec des femmes, qui leur font face ; la planche XV., dans le même livre présente à votre curiosité un homme assis et travaillant une femme, qui lui tourne le dos. Auguste est assis : il attaque à reculons, avec une véritable audace impériale, Terentia [16], l'épouse de Mécène, après l'avoir entraînée sur ses genoux ; Mécène est présent, endormi – endormi bien sûr seulement pour l' Empereur . Vous verrez peut-être une posture similaire dans les *Contes et Nouvelles en vers* de Jean de la Fontaine : il est sur la planche annexée au conte, intitulée *Le Tableau* , p. 223, vol. II., Amsterdam, 1762.

Rien n'est plus fréquent que la conjonction debout, la femme tournant le dos à l'homme ; il est en effet très facile de procéder ainsi en tout lieu, puisqu'il suffit de soulever les jupons de la belle et de sortir avec son arme ; c'est donc la meilleure manière pour ceux qui doivent profiter instantanément d'une occasion, lorsqu'il importe d'être vif, comme cela peut arriver, lorsqu'on prend son plaisir en secret. Ainsi Priape se plaint des femmes et des filles de ses voisins, qui venaient sans cesse vers lui, brûlantes de désirs chatouilleux.

> « Coupez mon sexe, qui chaque nuit et toute la nuit les femmes et les filles de mes voisins , toujours et toujours en chaleur, plus dévergondées que les moineaux au printemps, se fatiguent à mort, – ou j'éclaterai ! » (*Priapée* , XXV).

Je me souviens d'un médecin de notre temps, un des professeurs les plus célèbres (j'avais presque prononcé son nom), qui, pour souligner cela, appelait sa fille et, désignant la jeune fille rougissante, tandis que ses auditeurs ne pouvaient s'empêcher de sourire, il dit : "Cette fille, je l'ai faite debout." Une représentation de cette position se trouve dans les *Monuments de la vie privée de douze . Césars* , pl. XLVI., et un autre dans les *Monuments du culte secrets des dames romaines* , pl. XIII.

Mais de plus, un homme peut se joindre à une femme debout face à face en la soutenant de telle manière que tout son corps soit soulevé, ses cuisses reposant sur les hanches de l'homme, ou bien en soulevant la partie inférieure de son corps. , tandis que la partie supérieure repose sur un canapé. Allez-vous régaler vos yeux avec une représentation de cette position non disgracieuse ? Si tel est le cas , vous n'oublierez pas de regarder la planche XXIV des *Monuments du culte secret des dames romaines* , et la planche XL des *Monuments de la vie privée des douze. Césars* ; Ovide, si je ne me trompe, avait les yeux fixés sur l'une ou l'autre de ces figures :

> « Milanion soutenait les jambes d'Atalante sur ses épaules ; si ce sont de belles jambes, c'est ainsi qu'il faut les tenir » (*Art of Love* , III., vv. 775, 776). Le premier de ces modes est sans doute celui décrit par Aloysia Sigaea , Ancienne Maîtresse de ces coquineries , et avec une vivacité, une grâce et une élégance qui ne laissent rien à désirer :

> « La Tour s'avança aussitôt... Je m'étais jeté au pied du lit » — (Tullia parle) — « J'étais nue ; son membre était en érection. Sans plus attendre, il saisit à chaque main un de mes seins, et brandissant sa lance dure et enflammée entre mes cuisses, s'écrie : « Regardez Madame, comme cette arme se précipite sur vous, non pour vous tuer, mais pour vous donner le plus grand plaisir possible. . Priez, guidez ce candidat aveugle dans le recoin obscur, afin qu'il ne manque pas sa destination ; Je ne retirerai pas mes mains d'où elles sont, je ne les priverai pas du bonheur dont elles jouissent. Je fais ce qu'il veut, j'introduis le dard enflammé dans le centre brûlant ; il le sent, entre, pousse jusqu'à la maison... Après un ou deux coups, je me sentis fondre avec une titillation incroyable, et mes genoux faillirent céder. "Arrête", m'écriai-je , " arrête mon âme, elle s'enfuit !" «Je sais»,

répondit-il en riant, «d' où . Sans doute votre âme veut-elle s'échapper par cet orifice inférieur dont je suis propriétaire ; mais je le garde bien bouché. Tout en parlant, il s'efforçait , en retenant sa respiration, d'augmenter encore la taille déjà énorme de son membre gonflé. «Je vais repousser ton âme en fuite», ajouta-t-il en me poussant de plus en plus violemment. Son épée transperça encore plus profondément le vif. Redoublant ses coups délicieux, il me remplit de transports de plaisir, travaillant avec une telle force que, bien qu'il ne puisse m'introduire tout son corps, il m'imprégna de toute sa passion, de tous ses désirs lascifs, de ses pensées mêmes, de tout son délire. âme par ses étreintes voluptueuses. Sentant enfin l'approche de l'extase et le débordement du liquide, il glisse ses mains sous mes fesses et me soulève corporellement. Je fais ma part; J'enroule étroitement mes bras autour de sa silhouette, mes cuisses et mes jambes étant à la fois tordues et emmêlées avec les siennes, de sorte que je me suis retrouvé suspendu à son cou en l'air, soulevé du sol ; J'étais ainsi suspendu, pour ainsi dire, fixé à une cheville. Je n'eus pas la patience de l'attendre, tandis qu'il avançait, et de nouveau je m'évanouis de plaisir. Dans les ravissements les plus violents, je ne pouvais m'empêcher de crier : « Je ressens tout... Je ressens tous les délices de Junon couchée avec Jupiter. Je suis au paradis." En ce moment, La Tour, poussé par Vénus et Cupidon jusqu'au comble de la volupté, versait un flot abondant de son puits dans la cale géniale, brûlant comme un feu. La liane ne s'accroche pas plus étroitement au noyer que je ne tiens la Tour avec mes bras et mes jambes » (Cadran. VI).

Quant à la dernière manière par laquelle la copulation peut être réalisée, l'homme debout avec la femme à moitié levée, Conrad la pratique avec de légères modifications.

(TULLIA parlant) : « Il m'a ouvert les cuisses. Je ne déteste pas Conrad, même si je n'ai pas particulièrement de faible pour lui. Je n'ai ni consenti, ni refusé. Quant à lui, il avait envie d'une posture nouvelle et pas mauvaise du tout. J'étais allongé sur le dos ; il releva ma cuisse droite sur son épaule, et dans cette position il me transperça, pendant que j'attendais l'événement, sans le désirer beaucoup. Il avait en même temps étendu ma cuisse gauche le long de sa cuisse droite. Son outil s'enfonça dans la racine, il commença à pousser et à piquer, de plus en plus vite. Que faut-il en dire de plus ? Imaginez la conclusion par vous-même » (Dial. VI).

Enfin, un homme peut entrer dans une femme qui lui tourne le dos à la manière des quadrupèdes, qui ne peuvent avoir de liaison avec leurs femelles autrement qu'en montant sur elles par derrière [17] . Certaines autorités

estiment qu'une femme conçoit plus facilement lorsqu'elle est à quatre pattes.
Lucrèce dit :

> «... On dit que les femmes conçoivent plus facilement lorsqu'elles sont couchées, à la manière des bêtes, car leurs organes peuvent mieux absorber la semence lorsque la poitrine est déprimée et les reins relevés» (*De la nature des choses* , IV., vv .1259-1262).

Aussi Aloysie Sigée :

> « Certains prétendent que la mode pour faire l'amour indiquée par la nature est celle où la femme s'offre à la copulation à la manière des animaux, courbée, les hanches relevées ; le soc viril pénètre ainsi plus commodément dans le sillon féminin, et le flux séminal arrose le champ de l'amour... Les médecins cependant sont contre cette posture ; ils disent que c'est incompatible avec la conformation des parties destinées à la génération. (Composez. VI.)

Quoi qu'il en soit, il arrive fréquemment que les femmes ne puissent être gérées autrement. Entre un homme obèse et une femme également obèse ou enceinte, comment procéder autrement ? C'est pourquoi, dit-on, Auguste, ayant épousé Livia Drusilla, femme divorcée de Tibère Néron et déjà enceinte de six mois, avait avec elle des relations à la manière des animaux. Planche VII des *Monuments de la vie privée des douze Césars* vous donnera une idée de la posture adoptée par chacun d'eux. Mais pourquoi ne vous donnerions-nous pas les annotations par lesquelles le savant éditeur a élucidé la planche ? Les voici:

> « Cette Drusilla était la célèbre Livia, l'épouse de Tibère Néron, qui avait été l'un des amis d'Anthony. Auguste tomba violemment amoureux d'elle et Tibère la lui livra, bien qu'elle fût alors enceinte de six mois. On plaisantait bien souvent sur l'empressement de l'empereur, et un jour, pendant qu'ils étaient tous à table, et que Livie était couchée près d'Auguste, un de ces enfants nus que les matrones éduquaient pour leurs plaisirs, s'approcha de Livie. dit : « Que fais-tu ici ? là est ton mari », désignant Néron, « le voilà » [18] . Peu de temps après, Livie fut enfermée, et les Romains disaient ouvertement que les gens chanceux avaient des enfants trois mois après leur mariage, ce qui devint un proverbe. Un historien raconte qu'Auguste était obligé de caresser sa femme « à la manière des bêtes » à cause de sa grossesse, et c'est à cette attitude luxueuse que fait allusion le camée d'Apollonius, le célèbre tailleur de pierres précieuses du temps d'Auguste. . Il est vrai que l'état dans lequel se trouvait Livie a pu rendre cette posture nécessaire : mais il semble qu'elle ait été de tout temps du goût des Anciens, soit parce qu'ils considéraient cette attitude favorable à la procréation, comme le soutient Lucrèce, soit

parce qu'ils la trouvaient être un raffinement de volupté. Les postures les plus extraordinaires et les moins naturelles ont toujours semblé aux râteaux comme renforçant le plaisir de la conjonction. Mais il faut admettre que l'imagination dépasse encore les possibilités réelles. »

Une raison singulière expliquant la nécessité de rencontrer une femme à l'envers est donnée par Aloysia. Sigaea , avec sa sagacité habituelle :

> « Pour le plaisir, on aime une vulve qui n'est pas placée trop en arrière, de manière à être entièrement cachée par les cuisses ; il ne doit pas être à plus de neuf ou dix pouces du nombril. Chez le plus grand nombre de filles , le pubis descend si bas qu'il peut facilement être considéré comme une autre voie de plaisir. Avec un tel coït, c'est difficile. Théodora Aspilqueta ne pouvait être déflorée que lorsqu'elle se plaçait à plat ventre, les genoux relevés sur le côté. En vain son mari a essayé de la gérer, alors qu'il était allongé sur le dos, il n'a perdu que son huile » (Dialogue VII).

Ovide recommande cette méthode aux femmes qui commencent à être ridées :

> « De même toi, dont Lucina a marqué le ventre de rides, monte par derrière, comme le Parthe volant avec son cheval » (L' *Art de l'Amour* , III., v. 785, 86).

Le même conseil semble également être donné par lui un peu plus tôt :

> « Qu'ils soient visibles de derrière ceux dont le dos est visible » (v. 774).

Mais outre la nécessité, c'est un fait que les femmes sont ainsi travaillées par simple caprice, la variété offrant le plus grand plaisir. C'est simplement pour cette raison que Tullia laisse Fabrizio la faire ainsi, dans Aloysia Sigée :

> "Alors qu'Aloysio se levait" (Tullia parle) "Fabrizio se prépare pour une autre attaque. Son membre est gonflé, rouge et menaçant. « Je vous en supplie, « Madame », dit-il, « retournez-vous la face ». J'ai fait ce qu'il voulait. Lorsqu'il vit mes fesses plus blanches que l'ivoire et la neige : « Comme tu es belle ! il pleure. "Mais mettez-vous à genoux et baissez la tête." Je baisse la tête et la poitrine, et je relève les fesses. Il a poussé sa fléchette rapide et enflammée au fond de ma vulve et a pris un de mes tétons dans chaque main. Puis il commença à travailler dedans et dehors, et bientôt envoya un doux ruisseau dans la cavité de Vénus. J'ai également ressenti un plaisir indescriptible et j'ai failli m'évanrouir de désir. Une quantité surprenante de semence sécrétée par les reins de Fabrice me remplissait et me ravissait ; un

flux similaire épuisait mes forces. Dans cet seul assaut, j'ai perdu plus de vigueur que dans les trois précédents » (Dialogue VI.) [19] .

Cette copulation par derrière est praticable d'une autre manière très agréable, dont on peut voir une excellente reproduction dans le *Monument du culte secret des dames romaines* , planche XXVIII. Une femme est représentée avec les mains posées au sol, tandis que la partie inférieure du corps est soulevée et suspendue par des cordes ; elle tourne le dos à l'homme qui se tient debout. Il semble que ce soit à peu près la même position que celle adoptée par l'épouse de l'artisan Apulée dont parle dans ses *Métamorphoses* (livre IX), que « penché sur elle, l'amant rabotait avec son herminette, tandis qu'elle se penchait sur un tonneau. » Une gravure montrant cette attitude ingénieuse est annexée au récit de *La Baignoire* dans les *Contes et Nouvelles en vers* de Jean de La Fontaine, vol. II., p. 215.

NOTES DE BAS DE PAGE - DE COPULATION

13 . Cette méthode n'était pas inconnue à l'époque d'Aristophane, comme le montre le passage suivant de la *Paix* :

> « Afin que vous puissiez aussitôt, en élevant les jambes de la jeune fille, accomplir haut dans les airs les mystères » (v. 889, 890).

Et dans les *Oiseaux* , il dit :

> « Pour cette fille, votre premier messager, pourquoi ! Je relèverai ses jambes et je passerai entre ses cuisses » (v. 1254, 55).

14 . Les lecteurs trouveront un autre chiffre donné dans certains livres : « L'homme doit être debout, tandis que la femme est allongée sur le côté sur le lit. »

15 . De —— fesse.

16 . Dio Cassius, LIV., 19 : « Il l'aimait tellement qu'un jour il la confronta à Livia, pour savoir laquelle d'entre elles était la plus belle. » Ce n'était pas une mauvaise idée de les engager dans un pareil combat, mais pensez-vous qu'il leur a permis de se battre dans n'importe quel costume autre que celui dans lequel les trois Déesses se sont présentées devant les yeux hébétés de Paris ?

17 . Pline en a longuement traité dans son *Histoire naturelle* (Livre X, ch. 63).

18 . Comparez Dio Cassius, bk. XLVIII., ch. 44.

19 . La chose elle-même est très ancienne ; Aristophane y fait allusion dans la *Paix* :

> «Lutter à terre, se mettre à quatre pattes» (v. 896).

Et dans les *Lysistrates* :

> « Je ne m'accroupirai pas comme une lionne taillée sur le manche d'un couteau » (v. 231).

CHAPITRE II

SUR LA PÉDICATION

Voilà pour la copulation de la manière normale. Nous allons maintenant discuter d'un autre mode de plaisir, celui dû à l'introduction du membre dans l'anus. L'homme qui exerce son membre dans l'anus, qu'il s'agisse d'un homme ou d'une femme, pédique ; on l'appelle pédéraste, pedicon , drawk [20] , et l'autre partie, qui se laisse ainsi envahir, est appelé le patient, cinaedus , catamite [21] , serviteur, efféminé ; s'il est adulte ou épuisé, il est nommé exolete. Le plaisir masculin (appelé ainsi parce que les femmes se laissent beaucoup plus rarement pédier que les hommes) est apprécié aussi bien par la partie active, le pédicon , que par la partie passive, le patient. Le plaisir du pédicon est facile à comprendre, puisque la jouissance du membre viril consiste dans l'intensité du frottement ; le plaisir éprouvé par le malade à l'introduction du membre dans ses entrailles est plus difficile à discerner , du moins pour ma faible intelligence, car de telles pratiques me sont tout à fait étrangères. Ne croyez pas cependant que le plaisir du malade ne soit que secondaire, ni qu'il ne se prostitue que pour se prostituer ensuite lui-même, ni qu'il remédie ainsi à la paresse de son propre membre par le travail vigoureux de ses muscles. le nerf d'un autre homme provoquant une agréable titillation du postérieur, analogue à celle que nous dit Antonius Panormitanus (*Hermaphroditus* , I., 20), peut être produite en insérant les doigts dans l'anus [22] , ou mieux encore, en battant le même nerf. localité avec des bâtonnets, selon Aloysia Sigée :

> « Parmi les hommes de notre connaissance, j'ai entendu le marquis Alphonse dire que les verges servent d'aiguillons au combat amoureux ; sans eux, il serait paresseux et impuissant. Il se fait fouetter vigoureusement les fesses à coups de verges, sa femme étant présente, allongée et prête sur le lit. Lors de la flagellation, son outil commence à se raidir, et plus les coups sont violents, plus la tension est forte. Lorsqu'il se sent en bonne condition, il se précipite sur sa femme, la travaille d'un mouvement rapide, l'inonde des dons célestes de Vénus et conquiert tous les délices qu'un homme peut trouver dans l'Amour » [23] (Dialogue V).

Qu'y avait-il d'autre que cela qui remuait tant Rousseau, le génie précoce de Genève, et son membre enfantin, et qui lui faisait germer de telles idées, lorsqu'un jour Mlle. Lambercier , faisant claquer le fouet sur les fesses de l'enfant, lui infligea ce châtiment qu'il désira ensuite pour le reste de sa vie ? Ecoutez-le raconter lui-même la circonstance, avec sa gaieté et avec son charme de style habituel, dans le premier livre des *Confessions* ; nous n'omettons que de petites choses, ajoutées par l'auteur immortel pour l'amplification du récit :

« Comme Mlle. Lambercier avait pour nous l'affection d'une mère, elle en avait donc l'autorité, et elle poussait celle-ci jusqu'à nous infliger le châtiment des enfants quand nous l'avions mérité. Pendant longtemps, elle n'a eu recours qu'à des menaces, et une telle menace d'un châtiment nouveau me paraissait bien terrible ; mais après l'exécution, je trouvai l'expérience moins terrible que l'attente, et le plus étrange était que le châtiment me rendait plus partial envers celle qui l'avait infligé, que je ne l'avais été auparavant. J'avais en effet besoin de toute cette affection pour elle et de toute ma douceur naturelle, pour ne pas provoquer le même châtiment en agissant de manière à le mériter, car j'avais trouvé dans la douleur et même dans la honte , un sentiment mixte, où prédominait la sensualité, et qui m'a laissé plus de désir que d'appréhension de revivre le même traitement de la même main. Qui croirait que ce châtiment d'un enfant de huit ans par une jeune fille de trente ans aurait dû influencer mes goûts, mes désirs, mes passions pour le reste de ma vie ? Tourmenté par je ne sais quoi, mon œil se repaissait ardemment des belles femelles ; ils me revenaient constamment à l'esprit en me traitant comme Mlle. Lambercier l'avait fait. N'imaginant que ce que j'avais vécu, mes désirs ne dépassaient pas l'espèce de sensation voluptueuse que j'avais déjà connue. Dans mes folles fantaisies, dans mes fureurs érotiques, dans les actes extravagants auxquels ils m'incitaient parfois, j'empruntais en imagination le secours de l'autre sexe, sans jamais rêver qu'il servait à un autre usage que celui que je voulais en faire. il. Quand, avec le temps, je fus devenu homme, mon ancien goût d'enfance s'associa tellement à l'autre, que je ne pus jamais détourner les désirs qui enflammaient mes sens ; et cette absurdité, jointe à ma timidité naturelle, me rendait toujours peu entreprenant avec les femmes, car je n'osais pas tout dire ou ne pouvais faire tout ce que je voulais ; cette espèce de jouissance, dont l'autre n'était pour moi que la dernière étape, ne pouvait être ni initiée par celui qui la désirait, ni devinée par celui qui l'aurait accordée. Ainsi , j'ai traversé la vie en convoitant, sans oser dire aux personnes que j'aimais le plus ce que je convoitais. Jamais assez hardi pour déclarer mon penchant, je l'amusais du moins par des idées qui s'y rapportaient. On peut juger de ce que de tels aveux ont dû me coûter, en considérant que toute ma vie, saisi en présence de ceux que j'aimais par la fureur d'une passion qui me privait de la voix, de l'ouïe et des sens, et me faisait trembler convulsivement de partout, Je n'ai jamais pu oser leur raconter ma folie et leur demander d'ajouter aux autres la familiarité que je voulais.

Je n'y suis arrivé qu'une fois dans mon enfance, avec une autre enfant de mon âge, et la proposition est venue d'elle.

Mais revenons à notre propre sujet, dont nous nous sommes éloignés. Si le plaisir ressenti par la partie passive ne peut être conçu comme étant d'une sorte qui, à travers l'anus, est communiqué à la mentula (membre), nous devons conclure que le *patient* éprouve dans l'anus le même genre d'irritation que l'autre. la fête se sent dans ses parties génitales ; que, par conséquent, le *patient* éprouve dans ce lieu un plaisir réel inconnu de ceux qui ne l'ont pas essayé [24]. Martial en tout cas s'exprime sans détour sur cette ornière de l'anus :

> « De son anus fendu au naval, il ne reste pas un vestige à Carinus ; pour autant, il est en rut jusqu'au nombril. Oh! le scorbut du misérable ! En bas, il n'en a pas, — mais il *sera* un cinéde » (VI., 37).

Une ardeur de cette étrange nature affecta même Tullia , comme elle l'avoue dans les pages d' Aloysia . Sigée :

> « Voyant que la résistance était vaine, j'ai cédé aux fous. Aloysio se penche sur mes fesses, amène son javelot vers la porte de derrière, frappe, pousse, enfin, avec un grand effort, fait irruption. J'ai poussé un gémissement. Aussitôt, il retire son arme de la plaie, la plonge dans la vulve et fait jaillir un flot de sperme dans le sillon gratuit de mon ventre. Quand tout fut fini, Fabrice m'attaque de la même manière. D'un coup rapide, il introduisit sa lance, et en moins d'un rien de temps la fit disparaître dans mes entrailles ; pendant un petit moment il joue au va-et-vient, et aussi peu crédible que cela puisse paraître, je me suis retrouvé envahi par une fureur lascive à tel point que je n'ai aucun doute, que je m'y habituerais très bien, si je choisissais » (Dialogue VI).

Cœlius Rhodiginus confirme cette prurience de l'anus au ch. 10. du XV. livre de ses *Lectiones antiquités* .

> "Nous savons", dit-il, "que les serviteurs éprouvent un très grand plaisir à subir cet acte honteux."

Et il en donne une raison, bonne ou mauvaise, les médecins peuvent en décider : « Chez les personnes dont les canaux séminaux ne sont pas dans un état normal, même si ceux qui conduisent à la mentula sont paralysés , comme c'est le cas des eunuques et autres, ou pour toute autre raison, le liquide séminal retourne à sa source. Si ce liquide est très abondant chez eux, il s'accumule en grande quantité, et alors la partie où s'accumule la sécrétion a soif de friction. Les gens se situent ainsi comme avant tout jouer le rôle de *malades* .»

Quoi qu'il en soit, rien n'est plus certain que le fait d'une telle jouissance de la part du *patient* . Les Cinèdes romains attachaient une telle importance à un membre raide entre leurs fesses, qu'ils ne pouvaient voir une grosse mentule sans avoir l'eau à la bouche ; ils étaient prêts à donner leur dernier sou pour bénéficier des faveurs d'un homme extraordinairement doué en ce sens.

Juvénal, IX., v. 32-36 :

> « Le destin gouverne l'homme ; cela influence les parties que recouvre la toge. Si ton étoile pâlit, la longueur et la force de ton membre te seront inutiles , même si Virro t'aura vu nu avec des lèvres qui arrosent.

Martial, I., 97 :

> « Il veut savoir pourquoi je pense qu'il est un serviteur ? Nous nous baignons ensemble ; il ne lève jamais les yeux, mais regarde avec des regards dévorants les sodomites ; et il ne peut voir leurs membres sans que ses lèvres tremblent.

Et encore, II., 51 :

> « Souvent, tu n'as qu'un seul sou dans ta boîte, et ce sou est plus usé que ton anus, Hyllus ; pourtant, ni le boulanger ni le marchand de vin ne l'auront, mais un homme qui arbore un membre énorme. Votre malheureux ventre doit mourir de faim pour votre anus ; tandis que celui-ci dévore, le premier est affamé.

Il n'est donc pas étonnant que les bains publics retentissent d'applaudissements lorsque des hommes dotés de membres extraordinaires y entrent.

Martial, IX., 34 :

> "Si vous entendez des applaudissements dans la salle de bain, Flaccus , vous pouvez être sûr que l'énorme membre d'une personne difforme est là."

Juvénal, VI., v. 373, 374 :

> « Vu de loin, pointé du doigt par tous les hommes, il entre dans les bains. »

Ce n'était pas sans un certain art que les malades remplissaient leurs fonctions. Mais leur métier se résumait à ces deux exigences principales : l'épilation et savoir se servir des cuissardes.

Les patients ont pris soin en premier lieu d'épiler soigneusement toutes les parties de leur corps [25] ; des lèvres, des bras, de la poitrine, des jambes, des parties viriles, et notamment de l'autel de la luxure passive, l'anus : Martial, II., 62 :

> « Arrachez les poils de la poitrine, des jambes et des bras ; gardez votre membre coupé et cerné de cheveux courts ; tout cela, nous le savons, vous le faites pour le bien de votre maîtresse, Labienus . Mais pour qui épilez-vous vos postérieurs ?

Et IX., 28 :

> « Tandis que toi, Chrestus , tu te montres ainsi avec tes parties entièrement glabres, avec une mentula semblable à un cou de vautour, et une tête aussi brillante que les fesses d'une prostituée, sans qu'un poil ne paraisse sur ta jambe, et avec tes lèvres pâles toutes tondues et nues, vous parlez de Curius , de Camillus, de Numa , d'Ancus , de tous les héros poilus dont nous avons entendu parler dans l'histoire, et vous prononcez de grands mots et des menaces contre les théâtres et contre l'époque. Qu'un homme aux membres imposants apparaisse, appelez-le d'un signe de tête et emmenez-le… »

Et il dit, IX., 58 :

> « Rien n'est plus usé que les haillons d' Hédylus , sauf une chose (il ne peut le nier lui-même), son anus ; — celui-ci est plus usé que ses haillons. »

De la même manière, il a déjà parlé de l'anus d'Hyllus comme étant plus usé par le frottement que le dernier sou d'un pauvre (II., 51), et Suétone (*Vie d'Othon* , ch. XII) parle de la même manière du corps d'Othon : donné aux habitudes d'un catamite, et Catulle (Carm . 33) reproche au jeune Vibennius : « Tu ne pourrais pas vendre tes fesses velues pour un doit. »

Pour la même raison, *Galba* demanda à Icelus de se faire épiler avant de le prendre à part. Suétone, Galba, ch. XXII :

> « Il était très porté sur les relations entre hommes, et parmi ceux-là il préférait les hommes d'âge mûr, les exolets . On raconte que lorsque Icelus , un de ses anciens compagnons de lit, vint en Espagne pour l'informer de la mort de Néron, celui-ci, non content de l'embrasser étroitement devant toutes les personnes présentes , lui demanda de se faire épiler immédiatement, puis le prit à part avec lui tout seul.

D'ailleurs, même ceux qui s'épilaient l'anus, qui, à force d'une chevelure rêche et d'une barbe hérissée, s'efforçaient de simuler la gravité des anciens philosophes. Martial, IX., 48 :

« Démocrite et Zénon et l'ambigu Platon, tous les sages dont nous voyons les portraits ornés de cheveux hérissés, vous bavardent ; vous pourriez bien être l'héritier et le successeur de Pythagore ; tandis qu'à votre propre menton pend une barbe non moins imposante. Mais en tant qu'homme barbu, c'est dommage pour toi de recevoir un membre rigide entre tes postérieurs lisses.

Juvénal, II., v. 8-13 :

« Ne vous fiez pas aux visages ; partout la débauche sévit ! Tu fouetterais les méchants ; Tu! toi ! — le plus célèbre de tous les serviteurs socratiques ! Les membres couverts de poils et les poils grossiers le long des bras témoignent d'une âme ardente ; mais sur ton anus lisse, le chirurgien enlève les tumeurs enflées , tout en gardant un sourire sur le visage.

Perse , IV., v. 37, 38 :

"Dites-moi, quand vous peignez une barbe parfumée sur vos joues, pourquoi un membre rasé sort-il de votre aine ?"

C'est pourquoi Martial, VI., 56 ans conseillait à Charidème de se faire épiler les fesses, afin qu'il puisse être pris pour un *patient* plutôt que pour un *fellateur* :

"Parce que tes cuisses sont hérissées de poils grossiers et que ta poitrine est hirsute, tu penses, Charidemus , laisser tes paroles à la postérité."

« Croyez-moi sur parole, arrachez les poils sur tout votre corps et faites certifier que vous vous épilez les fesses. Pourquoi? tu demandes. Vous savez qu'ils racontent beaucoup d'histoires sur vous ; fais-leur croire, Charidemus , que tu fais le *patient* .

Ce n'étaient pas seulement *les malades* qui se faisaient épiler ; les hommes menant une vie oisive et insouciante suivaient la même pratique [26].

« Se faire épiler, se faire coiffer en rangées de boucles, boire à outrance dans les bains, ces usages prévalent dans la ville ; mais on ne peut pas dire qu'ils soient coutumiers, car rien de tout cela n'est exempt de blâme » (Quintilien, *Instit . orat .*, I., 6).

Il est assez surprenant que le même Quintilien, dont la bile est agitée par les cheveux bouclés, ait laissé passer patiemment que les femmes doivent se baigner avec les hommes :

« Si c'est un signe certain d'adultère pour une femme de se baigner avec des hommes, eh bien ! ce sera un adultère que de dîner avec de jeunes amis du sexe mâle, d'avoir un ami mâle. On pourrait aussi raisonnablement dire qu'un corps épilé, une démarche languissante, une robe féminine, sont certains signes de mollesse, de manque de virilité ; car cela semblera à beaucoup révéler une immoralité de caractère » (*Ibid.* , V., 9).

Martial, II., 39 a aussi remarqué, et pas une seule fois, les habitudes de ces hommes qui pratiquaient l'art féminin de la toilette, et avaient l'air tout juste sortis d'une boîte à bande :

"Rufus, vois-tu cet homme là sur les premiers bancs... dont les boucles huilées exhalent toute la boutique de Marcelianus , et dont les bras polis brillent sans qu'un cheveu soit visible ?"

Encore une fois, dit-il, V., 62 :

"... Qui est ce Crispulus , qui a des jambes non défigurées par un seul cheveu ?"

Même le grand César ne dédaignait pas cette coquetterie, Suétone, ch. 45 :

"Il prenait trop soin de son apparence, au point non seulement de se faire enlever la barbe avec des pinces et de se raser avec un rasoir, mais même d'être épilé, ce pour quoi on lui reprochait."

Cette coutume est liée à ces vases samnites, remplis de colophane et de poix à chauffer pour l'épilation et pour adoucir la poix, trouvés parmi les propriétés de Commode, et qui, par ordre de Pertinax , étaient vendus aux enchères publiques. Jules Capitolin en parle (*Pertinax* , 8). Pour enlever les poils, on utilisait en fait soit une pince à épiler, soit un onguent appelé dropax ou psilothrum . Martial mentionne l'usage des pinces dans l'Épigramme (IX., 28) citée précédemment ; du dropax ou du psilothrum il parle dans le Livre III., 74 :

"Vous vous épilez le visage avec du psilothrum et votre tête avec du dropax ."

Et encore VI., 93 :

"Elle ravive sa jeunesse avec le psilothrum ."

Et X., 65 :

"Tu te frottes tous les jours avec du dropax ."

Le dropax ou psilothrum était obtenu en faisant fondre de la colophane dans de l'huile (Pline, *Histoire Naturelle* , XIV. 20) :

"La colophane se dissout dans l'huile, et j'ai honte de dire que l'usage le plus honnête de ce mélange est de servir d'épilatoire aux gens."

Aëtius le mentionne également dans le Livre III., ch. cxc, de son *Opus Medicum* :

> « Le dropax le plus simple est celui appelé pitchplaster . La poix sèche est diluée avec de l'huile ; on l'applique à chaud sur la peau, qui doit d'abord être soigneusement rasée, auquel cas il adhère étroitement. Avant que le plâtre soit bien froid, on l'enlève, on le réchauffe de nouveau et on le remet de nouveau ; encore une fois , on l'enlève avant d'être froid, et ce processus est répété plusieurs fois.

D'où celui de Juvénal, « La jeunesse par la hauteur », (VIII., 114), et

> « Les cuisses négligées et sales de touffes de poils » de Nævolus , à qui il dit :

> « Votre peau n'a plus l'éclat que lui donnait autrefois l'enduit de poix chaude bien enduit » (Sat. IX., 13-15).

Que veut dire d'autre Martial quand (III., 74) il parle des « ongles de Gargilanus , qui ne peuvent être coupés avec de la poix ?

Persius (IV., 37-41) a, je présume, réuni les deux modes d'épilation :

> « Dis- moi, quand tu te peignes les joues avec une barbe parfumée, pourquoi un membre rasé sort-il de ton aine ? Même si cinq hommes forts désherbent votre plantation et travaillent vos fesses étuvées avec des pinces à crochets, je vous le dis, aucune charrue ne domptera ce champ obstiné !

Ici, *les forceps* sont la même chose que *les volsella* (pinces) ; tandis que les « fesses étuvées » sembleraient faire référence au *dropax chaud* . Après l'application d'un tel pansement, la peau ne pouvait qu'avoir un aspect bouilli.

Ausonius (*Epigr* . CXXXI.) fait allusion à ce passage de Persius :

> « La raison pour laquelle vous lissez votre aine avec du dropax chaud est qu'une peau douce et lisse attire les putes, épilées elles-mêmes. Mais que vous arrachiez l'herbe de vos fesses étuvées et que vous polissiez avec de la pierre ponce vos Clazomènes battues , que signifie ceci, si ce n'est que le vice d'homme avec l'homme agit en vous, et que vous êtes une femme derrière, un homme devant. .»

Les *Clazomènes* sont sans doute la fesse de l'homme, molle et craquelée, comme le seront celles des *malades , comme celles de* Carinus , à qui Martial, XI., 37 reproche « son anus lacéré ». Ausonius les appelle ainsi du grec, en latin « frango » (je casse), jouant ainsi avec le nom d'une ville. Gonzalvo le Cordevan fait un jeu de mots similaire, quand, voulant pédiquer , il dit qu'il veut aller à Aversa ; aussi lorsqu'il veut irrumer la bouche, il dit : « Je vais en Orient », ou lorsqu'il s'apprête à lécher la vulve, en latin *ligurire* , « je vais en Ligurie ». En appelant les Clazomènes martelés (battus), Ausonius veut dire qu'ils étaient comme polis avec un marteau, en ayant servi d'enclume. C'est comme si mes compatriotes disaient en plaisantant à propos d'un homme chauve (en allemand *Kahl*) : « il gratte son Kehl poli ». Quoi de plus clair ou de plus spirituel ? Forcellini a donc tort de dire que ce passage d'Ausonius n'a aucun sens. D'autres éditeurs ont *inclusas* au lieu d'*incusas*, indiquant la fissure qui sépare les fesses, par les rotondités de laquelle elles sont fermées des deux côtés. Mais en premier lieu les Clazomènes pourraient bien être les fesses, elles étant fendues, mais pas elles-mêmes. une fente; en second lieu, qui pourrait imaginer que ce misérable épilait le creux des fesses plutôt que les fesses elles-mêmes ?

Quelques personnes, par raffinement du luxe, employaient des femmes pour les épiler. Ces femmes s'appelaient elles-mêmes *ustriculae* (de *urere*, brûler), car elles utilisaient un pansement collant de dropax bouillant pour brûler les poils des jambes et d'autres parties du corps. Tertullien (*De Pallio*, ch. 4), dit : « Tellement efféminé qu'il emploie *des ustriculae* » ; tandis que Salmasius, commentant de manière ludique le passage, p. 284, déclare : « Autrefois *les ustriculae* servaient à épiler les jambes ; maintenant, ils servent à harceler nos esprits. Auguste, qui, selon Suétone, « avait l'habitude de se brûler les jambes avec des coquilles de noix brûlantes, pour rendre les cheveux plus soyeux » (*Auguste*, ch. 68), utilisait sans doute les mains agiles de ces *ustricules*.

Les femmes recouraient également à l'épilation [27], considérant la toison du pubis comme quelque chose de répugnant. Martial:

> «... Ni encore un des pots de ta mère pleins de colophane immonde, comme celle dont les femmes des banlieues se servent pour s'épiler» (XII., 32).

De même que les hommes employaient les femmes pour les débarrasser de leurs poils, de même les femmes offraient sans honte leur pubis aux hommes pour la même fonction. La bile de Pline monte à ceci (*Nat. Hist.*, XXIX., 8) : « Les femmes n'ont pas peur de montrer leur pubis. C'est trop vrai, rien ne corrompt plus les mœurs que l'art du médecin.

Les empereurs eux-mêmes daignèrent assumer cette charge pour leurs concubines.

Suétone, *Domitien*, ch. 22 :

> « On disait qu'il aimait épiler lui-même ses concubines et qu'il se baignait au milieu d'une foule des courtisanes les plus infâmes. »

Lampridius, *Héliogabale*, ch. 31 :

« Dans ses bains, il était toujours avec les femmes, et il faisait leurs toilettes avec du psilothrum : il utilisait également du psilothrum pour sa barbe, et, répugnant à raconter, le même que celui que les femmes venaient d'utiliser. De sa propre main, il a rasé la toison de la partie virile de ses pédicons , puis s'est rasé la barbe.

Ce que Lampridius répugne tant, c'est que l'empereur n'hésita pas à utiliser sur sa barbe le même onguent que les femmes venaient d'appliquer en guise d'emplâtre sur le pubis, et qu'il utilisa aussitôt et avant que la mauvaise odeur ne se soit évaporée.

Mais pour en revenir à nos *malades* , eux non plus ne manquaient pas d'amants illustres, qui prenaient soin de les épiler ; nous en trouvons un exemple chez l'empereur Hadrien, selon Spartianus , qui dit, ch. 4 :

« On croit généralement qu'il corrompit les affranchis de Trajan, fit la toilette de ses serviteurs et les épila souvent, alors qu'il était attaché à la cour. »

De quelle autre manière peut-on croire qu'Hadrien ait fait la toilette de ces serviteurs, sinon de la même manière dont Héliogabale faisait la toilette de ses femelles, avec du psilothrum , d'autant qu'on ajoute qu'il les épilait fréquemment ? On peut tenir pour acquis qu'il a utilisé cette pommade, ou qu'il leur a frotté le visage avec du pain mouillé, soit pour améliorer leur peau, soit pour empêcher la barbe de pousser trop tôt. Suétone, *Othon* , ch. 12 :

« Il se rasait le visage tous les jours et le frottait avec du pain humide, habitude qu'il avait contractée dès l'apparition des premiers duvets, pour ne pas se retrouver barbu. »

Juvénal, II., 107 a pointé une flèche du même genre sur Othon :

"C'est sûrement le devoir d'un puissant capitaine... de garder sa peau lisse... et de pétrir le pain avec ses doigts pour faire un pansement pour son visage."

Comment s'étonner alors si les femmes chérissaient des artifices similaires ? Qui ne penserait pas à la femme représentée avec un art si merveilleux par Juvénal, du vers 460 au vers 472 de cette sixième satire, à laquelle Salmasius donnait l'épithète de « divine » ? « Son visage est tout bouffi de miettes de pain, là où les lèvres du pauvre mari continuent de coller », à tel point qu'on en doute :

"... Que son visage, enduit et *massé* avec tant de préparations, recouvert de cataplasmes de farine bouillie et humidifiée, doive être appelé un visage , ou une plaie... Enfin, elle pèle son visage, enlève le couches les plus externes. Pour la première fois, elle peut être reconnue pour elle-même. Puis elle soigne sa peau avec du lait d'ânesse, pour lequel elle traîne à sa suite un troupeau d' ânes, et les emmènerait avec elle si elle était exilée au pôle Nord.

Pour peindre le visage, il semble qu'on ait utilisé une couche de craie, comme dans le cas du Pédéraste mentionné dans Pétrone, qui transpirait si violemment en travaillant en vain l'aine d' Eucolpus :

> « De son front en sueur coulaient des ruisseaux de jus d'acacia, et dans les rides de ses joues il y avait une telle masse de craie qu'on aurait pu croire voir un mur exposé au vent et baigné par la pluie » (*Satyricon* , ch. 23).

Mais laissons de côté tous ces vilains préparatifs, avant de nous y retrouver à corps perdu.

Nous avons dit qu'une autre branche de cette activité, de la part du *patient* , consiste à faire du *cevere* . Un *patient cevet* , qui pendant l'action se tortille et bouge ses hanches de haut en bas, pour jouir lui-même plus de plaisir et donner plus de plaisir au pédicon . On dit que les femmes, faisant de même lors de la copulation, *crissare* . Martial, III., 95 :

> "Non! vous pédiquez bien, Naevolus ; tu joues bien avec tes hanches.

Juvénal, II., 20-23 :

> «... La vertu sur leurs lèvres, ils plient leurs fesses. — 'Dois-je t'honorer , dans l'acte de ton back-play, Sextus ?' dit le tristement célèbre Varillus ...."

Le même auteur, IX., 40 :

> "Avec un art calculé, il bouge ses hanches."

Plaute, dans le *Pseudolus* , III., 75 :

> "Dès que l'homme se recroqueville, tendez vos hanches à temps vers lui."

C'est pour cela que certains auteurs croient, je ne sais si c'est à tort ou à raison, que le mot *cinede* vient de ce que les misérables connus sous ce nom ont l'habitude de *frétiller les parties intimes* . Sans doute la souplesse des cuisses, l'agilité des fesses comptent parmi les talents particuliers des cinédès dans Pétrone, ch. 23 :

Entre un Cinéde récitant ces vers :

> « Par ici, viens par ici, cinede dévergondés, étendez le pied et reprenez votre route, volez les semelles en l'air, les cuisses souples, les

fesses agiles et les mains libertines, vous tous, vieux serviteurs émasculés de Délos, venez !

A ce sujet se réfère également *Epigr* . XXXVI du 1er Livre de l' *Hermaphrodite* , édité par nos soins ; qui consulte, lecteur, si cela en vaut la peine. Comme celui qui se tortille avec ses hanches le fait pour plaire à quelqu'un, on utilise aussi le mot *cevere* pour exprimer le sens de flagornerie ou d'adulation. Ainsi : « An, Romule , ceves » (Quel Romulus, tu faons aussi ?) dans Persius (I., 87) ; de la même manière, *irrumate* est utilisé dans le sens d'un outrage, d'un affront.

Que les femmes *puissent* être pédifiées exactement de la même manière que les hommes, cela est indiqué par la nature ; qu'ils *aient* consenti, est prouvé par de nombreux témoignages dans l'Antiquité. — Apulée, *Métamorphoses* , III., p. 138 :

> « Pendant que nous bavardions ainsi, un désir mutuel envahit nos esprits et éveilla nos membres ; après nous être entièrement déshabillés, nous nous livrâmes aux transports de Vénus. Je me suis vite senti fatigué. Fotis , de sa propre volonté, m'a offert le corollaire de la catamite.

Martial, IX., 68 :

> «Toute la nuit, j'ai possédé une jeune fille obscène, dont il était impossible d'exceller dans l'attitude complaisante. Épuisé de mille modes d'amour, j'ai demandé le service puéril, qu'elle m'a accordé aussitôt avant que j'aie fini de demander.

Le même, XI., 105, reproche à sa femme ce qui suit :

> « Vous refusez de pédiquer ; mais Cornelia le permit à Gracchus, Julia à Pompée, et Portia le fit pour Brutus. Avant que l' échanson de Derdanien ne serve le vin, Junon elle-même jouait le rôle de Ganymède pour Jupiter.

Tullia a permis la même chose à Aloysio et Fabrizio, à Aloysia Sigée ; nous avons cité le passage. Crispa goûte la même variété de plaisir, dans l'épigramme LXXI d'Ausonius :

> "Elle se laisse faire dans l'un ou l'autre des orifices."

Les Grecs de l'Antiquité prenaient un grand plaisir à voir la Vénus postérieure. On ne peut guère exprimer à quel point ils étaient de fervents admirateurs des belles fesses ; on alla jusqu'à ce que des jeunes filles concouraient en public, devant une assemblée siégeant comme dans un autre « Jugement de Paris », pour prononcer laquelle d'entre elles était la plus douée à cet égard. Athénée (XII, 80) nous apprend que dans les environs de

Syracuse un villageois avait deux filles qui se disputaient souvent pour savoir laquelle d'entre elles avait les plus beaux postérieurs ; un jour, ils les montrèrent sur la grande route à un jeune homme de Syracuse, qui passait par hasard, et lui demandèrent de trancher entre eux. Il se décida en faveur de la sœur aînée, tomba aussitôt violemment amoureux d'elle et, de retour chez lui, il raconta à son jeune frère ce qui lui était arrivé. Celui-ci alla aussitôt voir les deux filles, et devint amoureux de la plus jeune. Bientôt, ils se marièrent avec les deux jeunes gens opulents, et leurs concitoyens les appelèrent les *Callipyges* , parce que, bien que de basse naissance, leurs postérieurs leur servaient de dot. Pleins de gratitude, ils consacrèrent un temple à Vénus, sous le titre de Vénus Callipygos (Vénus aux belles fesses).

Cela ne vous surprendra pas, que toute jeune fille remarquable par ses beaux postérieurs parmi ses compagnes soit d'autant plus demandée pour l'office puéril, et d'autant plus disposée à s'y prêter. Mania y consentit en faveur de Démétrius, comme en témoigne Machon , dans Athénée (XIII., 42), lorsque le roi voulant jouir de ses fesses, elle accepte son cadeau, et dit :

« Fils d'Agamemnon, c'est maintenant *à ton* tour de les avoir. [28] »

Un certain jeune homme, nommé Ponticus , exigea le matin le même corollaire de Gnathéna , qu'il avait possédée toute la nuit ; c'est encore Machon qui nous raconte l'histoire (*ibid.* , XIII., 43). Démophon , le serviteur de Sophocle, demanda la même faveur à Nico [29] qui, célèbre pour la beauté de ses fesses – « on dit qu'elle avait des fesses extrêmement belles » – craignait qu'il ne les prête à Sophocle (*ibid.*) . . , XII., 45). Gnathaenion (*ibid.* , XIII., 44) inventa une excuse ingénieuse pour avoir été tout aussi complaisant. Un certain bricoleur s'étant peu généreusement vanté d'avoir couru cinq fois enfourchant ainsi cette petite courtisane, Andronicus, qu'elle préférait à tout le monde, l'entendit et lui reprocha amèrement d'avoir laissé un pareil coquin jouir d'elle si abondamment dans une telle situation. posture que ses prières n'ont jamais obtenue d'elle. Gnathaenion répondit que, peu soucieuse de se faire manipuler les seins par un camarade noir avec de la saleté et de la suie, il lui avait paru préférable de prendre cette posture, de manière à recevoir le moins de fraction possible du corps de la misérable créature. La planche XXVII des *Monuments du culte secret des dames romaines* présente le tableau d'un homme pédiant une femme.

Ce n'est cependant pas sans quelques inconvénients, voire dangers, qu'on se prête à la partie passive. Aloysie Sigaea , Ancienne Maîtresse en Sciences de l'Amour, nous éclaire sur ce point :

« En premier lieu, des souffrances intolérables sont infligées au *patient* , car dans la plupart des cas, un enjeu trop important l'envahit ; de là d'affreuses infirmités, incurables par tout l'art d'Esculape. Les muscles de confinement sont rompus et, par conséquent, les excréments ne peuvent pas être retenus et s'échapper. Quoi de plus dégoûtant ? J'ai connu de nobles dames atteintes de maladies cruelles, à un tel degré d'éruptions et d'ulcères, qu'il leur fallait deux ou trois ans pour recouvrer la santé. Moi-même (Tullia), je n'ai pas échappé aux étreintes maudites d' Aloysio et de Fabrizio. Quand ils ont enfoncé leurs flèches pour la première fois, j'ai enduré une douleur atroce, mais bientôt la sensation d'une légère titillation m'a consolé... Cependant, quand je suis rentré chez moi, j'ai ressenti une douleur brûlante à l'endroit où ils avaient lacéré : je me suis senti consumé par une démangeaison comme si j'étais en feu, et malgré les soins de donna Orsini, il m'a fallu beaucoup de peine pour éteindre ce maudit feu. Si mes lacérations avaient été négligées, je serais mort d'une mort misérable » (Dial. VI).

Vous comprenez maintenant pourquoi le jeune esclave de Naevolus (Martial, III., 71) avait mal à l'anus ; pourquoi le même Martial, VI., 37 dit qu'il fallait couper les postérieurs de Carinus ; et où réside l'épine dans le distique suivant :

« Vous qui connaissez toutes les raisons et tous les arguments de poids des sectes, venez me dire quel est le dogme qui vous ordonne d'être percé » (IX., 48).

Ce philosophe efféminé, qui affectait de parler comme s'il avait été le successeur et l'héritier de Pythagore, était en effet tenu, si quelqu'un l'était, de connaître les raisons des lacérations de l'anus et le poids des membres humains . Il était habitué à la partie passive, dont Ausonius dit en moquerie, comme nous l'avons vu un peu plus haut, que ses *clazomènes* lui servaient d'enclume.

Les hommes préféraient être *des pédicateurs* plutôt que *des patients* ; d'où l'épigramme pleine d'esprit de Martial :

« Cela fait maintenant bien longtemps, Lupus, que Charisianus dit qu'il ne peut pas pédiquer . Mais chaque fois que ses amis lui demandaient pourquoi, il répondait que ses intestins étaient détendus » (XI, 89).

Voudriez-vous voir l'image d'un homme engagé dans la pédication ? il est interrompu au milieu de ses affaires, mais le dessin n'en est pas moins agréable. La gravure appartenant au chapitre III. de la troisième partie de *Félicia* , présente cette position.

Qui ne sait que les Grecs et les Romains étaient des pédicons intrépides et des cinédistes déterminés ? Chez les auteurs grecs et latins, à l'indignation des pédagogues, la Vénus masculine défile à chaque page :

« Tous brûlés par le même feu » – nous citons Aloysia Sigaea , et nous ne pourrions pas nous exprimer mieux ni avec plus d'élégance. Nous allons cependant faire une annotation à cet extrait : « Tous brûlés du même feu, le peuple, les classes supérieures, le roi. Cette dépravation coûta la vie à Philippe, roi de Macédoine [31] ; il est mort par la main de Pausanias, qu'il avait outragé. Elle soumet Jules César à la passion du roi Nicomède [32] , — César, « épouse de tous les hommes et époux de toutes les femmes » [33] .

Auguste n'échappa pas à cette honte [34] , Tibère [35] et Néron s'en glorifièrent. Néron épousa Tigellin [36] et fut lui-même épousé par Sporus [37] , Trajan [38] , le meilleur des dirigeants, était accompagné d'un *pédagogium* , tandis qu'il marchait de la victoire à travers l'Orient. Ce qu'il nomma son *paegogium* , alors qu'il marchait de victoire en victoire à travers l'Orient. Ce qu'il appelait son *pédagogium* , c'était une troupe de jolis garçons bien développés, qu'il appelait jour et nuit à venir dans ses bras. Antinous servit de maîtresse à Hadrien, rival de Plotine , mais plus heureux qu'elle ne l'était [39] . L'empereur pleura sa mort et, plaçant le mort parmi les dieux, il éleva des autels et des temples en son honneur . Antonius Heliogabalus, neveu de Sévère, avait l'habitude, dit un vieil auteur [40] , de se faire administrer des plaisirs par tous les orifices de son corps ; ses contemporains le considéraient comme un monstre. Devant cette grave Vénus, les philosophes dansaient en compagnie des pédérastes. Alcibiade et Phédon couchèrent avec Socrate [41] , lorsqu'ils voulaient mettre leur précepteur de bonne humeur . C'est de ce genre d'amours pratiqués par l'homme vénérable, que dérive la phrase érotique : aimer *socratiquement* . Chaque action et chaque parole de Socrate étaient considérées comme sacrées par toutes les sectes de philosophes ; ils bâtirent un temple et élevèrent un autel en son honneur ; toutes ses actions avaient une force légale et ses paroles l'autorité d'un oracle. Les philosophes ne se détournent pas de l'exemple donné par leur Héros (car Socrate prend rang parmi les Héros) et nouvelle divinité nationale. Lycurgue, le législateur spartiate, vivant quelques siècles avant Socrate, refusait le titre de bon et méritant citoyen à tout homme qui n'avait pas un ami qui lui servait de concubine. Il a voulu que les vierges se produisent nues sur la scène, afin que la vue de leurs charmes librement exposés émousse chez les hommes ce désir sensuel qui, avec le secours de la nature, les attire vers les femmes, afin qu'ils réservent ainsi toute leur passion à leur propre vie. amis et compagnons. Car ce que les hommes voient chaque jour perd la moitié de son effet.

Encore une fois, pourquoi parler des Poètes ? [42] Anacréon [43], était très amoureux de Bathyllus ; presque toutes les plaisanteries de Plaute ont ce sujet pour but ; ils sont de ce genre :

"Je ferai comme les gars, je me recroquevillerai sur un panier." [44]

Ou encore :

> « Le poignard du soldat convenait-il à votre fourreau ? [45]

Ce grand maître de l'art poétique, Maro , qui a gagné le surnom de Parthénias par sa naïveté et sa modestie innée, chérissait un certain Alexandre, que Pollion lui avait offert en présent, et il l'a célébré sous le nom d'Alexis · 46]. Ovide souffrait du même mal ; il préférait cependant les jeunes filles aux garçons, parce que, dans son amusement, il voulait un plaisir réciproque et non une jouissance égoïste. Il disait qu'il aimait le plaisir « de l'éjaculation simultanée des deux parties » [47] , et pour cette raison il était moins porté à l'amour des garçons.

Les jeunes filles et les épouses se trouvant négligées, les premières par ceux qu'elles aimaient, les autres par leurs maris, au lieu d'offrir leurs services uniquement comme femmes, résolurent de jouer le rôle des garçons. La dépravation devint si grande que cette complaisance fut en fait extorquée aux épouses, comme elle l'était autrefois aux femmes mariées ; en effet , le mari s'adressait à la jeune femme de manière pédérastique, et les deux sexes étaient réunis en un seul et même corps. Dans les poèmes facétieux des anciens, Priape [48] menace tout voleur de légumes de son jardin qui s'approcherait de son arme, de lui faire sacrifier ce que la première nuit la mariée accorde à son ardent époux, de peur qu'il ne blesse un autre. partie.

Utilisant son imagination avec la licence jamais accordée aux peintres et aux poètes, Valerius Martial [49] feint d'entendre sa femme grogner qu'elle avait aussi des fesses, et qu'il n'avait pas besoin de garçons. "Junon", dit-elle, "a également plu à Jupiter de ce côté-là". Le poète n'est pas convaincu, il lui répond que le parti d'un garçon est une chose, celui de la femme en est une autre, et qu'elle doit se contenter du sien.

Sous les panneaux nominatifs [50] et les lampes [51] dans les bordels étaient assis [52] des garçons aussi bien que des filles, les premiers vêtus de la stola féminine, les secondes de la tunique virile et coiffés comme des garçons. Sous l'apparence d'un sexe se trouvait l'autre. L'Asie [53] fut le foyer originel de ce ravageur, puis l'Afrique fut infectée, et bientôt le fléau envahit la Grèce et les pays voisins de l'Europe [54] . En Thrace, Orphée était l'importateur et le partisan de ce plaisir impur. Les femmes thraces, se trouvant méprisées...

> «Pendant les fêtes sacrées et les orgies nocturnes, Bacchus déchirait la jeunesse et parsemait les vastes plaines de ses membres.» (Virgile, *Georg.* IV., 521, 522.)

On prétend que dans ces temps anciens, les Celtes [55] ridiculisaient ceux d'entre eux qui se tenaient à l'écart de cette pratique ; ceux-là ne pouvaient espérer ni emploi civil ni honneurs . Ceux qui préservaient la pureté de leurs mœurs étaient rejetés comme impurs. "Dans une ville où tout le monde est fou, il n'est pas bon d'être seul sain d'esprit, et parce que ce n'est pas bon, ce n'est pas conseillé." (Dialogue VI.)

Ceci termine notre brillant extrait d' Aloysia Sigée .

Même de nos jours [56] le goût pour la Vénus mâle n'a pas disparu, en témoignent les Perses, très adonnés à ce genre de plaisir, ainsi que le racontent ceux qui ont voyagé dans leur pays. Il y a entre autres Adam Lhuilier , chapitre 15, livre V., de son *Itinéraire* . Si nous pouvons faire confiance à Aloysia Sigaea , les Italiens et les Espagnols l'ont fait ; aussi les Hollandais, avec lesquels vers le milieu du XVIIIe . Siècle, comme nous le dit J. David Michaëlides dans son *Traité sur la loi de Moïse* (en néerlandais), §258, cette habitude était tellement en vogue, que la peine de mort ne servait guère contre elle ; aussi les Parisiens, selon l'auteur de la *Gynécologie* (en allemand, vol. II, p. 427), autorité pleinement compétente, qui ajoute que dans presque toutes les grandes villes de l'Europe, on trouve beaucoup de gens qui , soit rassasiés du plaisir ordinaire, soit craignant les maladies contagieuses, préfèrent la Vénus postérieure à la Vénus antérieure, — sauf les Anglais, qui abominent cette pratique. Pour ne pas toujours parler de généralités et ne jamais donner d'exemples précis, les cas de Gonzalve de Cordoue [57] et de Vendôme [58] , tous deux excellents généraux, ont été rendus assez notoires par les documents historiques ; on pourrait y ajouter d'autres exemples encore plus illustres, tirés de notre temps et rendus connus par une renommée insouciante ; celle d'un grand auteur, d'un grand roi, du père de sa patrie et d'un homme qui, durant sa vie, fit l'admiration générale par la pénétration de son intellect et la splendeur de sa langue, et dont les connaissances embrassent toutes les branches de la langue. connaissances, non seulement les plus ordinaires, mais les plus profondes et les plus abstruses [59] , homme qui pourrait bien proposer l'énigme du Sphinx à son éminent confrère en qui on se plaît à admirer la puissance d'une éloquence vraiment cicéronienne, inconnue dans Allemagne depuis la mort du grand Ernesti . Ces exemples, dis-je, nous pourrions facilement les alléguer, si nous ne craignions pas de susciter, tout à fait contraire à notre dessein et à notre intention, un sentiment d'odieux contre la pieuse mémoire des hommes les plus distingués.

En désirez-vous davantage ? Pacificus Maximus propose un bon nombre de parties actives et passives. *Élégie* I., p. 107. de l'édition parisienne :

> « La seule cause de ma méchanceté était mon maître, l'homme à qui mon père et ma mère m'ont imprudemment confié. Il était le roi des pédicons ; pas un n'a échappé à sa convoitise, tant il était astucieux et gagnant. Bien des choses que j'ai apprises, j'aurais mieux fait de les laisser inconnues ; j'ai absorbé beaucoup de choses par mon rectum, beaucoup par mes lèvres.

Élégie II., à Ptolémée (p. 110) :

« Pour toi, garçon ingrat, je garde tous mes trésors, et personne n'en jouira que toi ; ma mentule grandit : alors qu'elle mesurait sept pouces, maintenant elle en mesure dix.

Élégie IV., à Marcus (p. 113) :

« Vous ne pouviez pas, Marcus, trouver un endroit meilleur, plus pratique, pour me rencontrer ; il n'y a pas ici d'espion ni de témoin, ni homme ni femme ne peuvent raconter d'histoires. Faisons-le sous les saules dans cette prairie verdoyante ; les branches tombantes nous cacheront de leur feuillage. Le ruisseau nous endormira de son doux murmure, et l'oiseau qui gazouille au milieu des branches. Viens ici et glisse-toi sur mes genoux, toi qui es à la fois tourment et remède à mes désirs !

Élégie XIV (p. 128) :

« Un jour, Étrusque m'a amené un jeune homme si beau qu'on en voit rarement au bord de Jupiter : « Je te le livre, dit-il, saisis-le, afin qu'il s'accroche à toi jour et nuit. Que les dieux vous accordent de bien l'aimer ; il sera sage si vous le pédiquez .

Et moi : « J'aime cette liberté concédée à ma passion ; Je vous serai toujours obligé. Soyez sûr que cet enfant, si bon qu'il soit, ira mieux encore à l'avenir ; il aspirera ma sagesse en de nombreux endroits.

Joyeux il s'en va, joyeux je saisis ma proie ; un retard, si court soit-il, me paraît long. Oh, mon père a fait preuve de vertu ! le seul homme irréprochable, le seul sage de cette grande ville ! Le maître pose les mains sur les postérieurs du garçon, le garçon saisit le membre du maître. Pensez-vous, vous, ignorants, qu'il apprendra de cette façon ? Oh, chanceux de m'avoir pour professeur ! oh heureux destin, qui t'a donné un tel père !

Élégie XV (p. 131) :

« Si le membre est mort, le désir voluptueux est encore vivant ; si le vieil homme ne peut plus pédiquer , il le veut encore.

Élégie XX (p. 139) :

« Mon membre est si petit, cette partie de moi si diminuée, je crois presque que je n'en ai jamais eu, ou qu'elle a disparu ; mon doigt ne peut pas sentir, mon œil ne peut pas le voir, le sort n'a été que mesquin. Je pourrais être ta servante, Cybelé , sans opération, je n'ai pas besoin d'un éclat de verre, je suis déjà prêtre castré. Et pourtant, c'est dommage, mais il faut l'avouer ; il n'y a pas de pire garçon que moi au monde. Dès que je le pouvais, je servais la sale Vénus, car la main des Pédérastes m'y avait attiré ; un millier de membres et de gros membres bouillonnaient en moi, et jour et nuit mon anus était en quête. Si seulement mon action passive avait pu profiter à mon membre, lorsqu'il était en érection, il m'aurait touché la tête, quand mes pieds étaient mous ; mais rien ne lui a fait du bien, il n'a jamais grandi. Et ce que j'ai fait n'a peut-être fait qu'empirer les choses. Chaque garçon aime voir son membre grandir, devenir suffisamment gros pour remplir amplement sa main.

Mais assez de pédication ; L'irrumation est notre prochaine affaire.

NOTES DE BAS DE PAGE - SUR LA PÉDICATION

20 . *Drawk* , de —, je travaille, exécute ; pour *dravicus* , comme *cautus* pour *cavitus* , *lautus* pour *lavitus* .

21 . Catamite, selon Festus, est la même chose que Ganymède, le serviteur de Jupiter ; les Latins, par une corruption semblable des mots, prononçaient *Proserpine* pour *Perséphone* , *Esculape* pour *Asclépios* , *Carthago* pour *Carchedo* , *Pollux* pour *Polydeukes* , *Sybilla* pour *Siobulé* , *masturbare* pour *manu. stupéfiant* .

22 . Ainsi Œnothée , pour exciter le nerf faible du garçon, enfonce une mentula (membre) de cuir dans l'anus d' Eucolpius (Petronius, 138) : « Œnothée va chercher un appareil de cuir ; Elle l'a d'abord huilé et saupoudré de poivre et de graines d'ortie écrasées, puis elle a commencé à pousser petit à petit dans mon anus. Nous aurons à parler au chapitre VI d'une autre utilisation de ces outils en cuir.

23 . D'après l'auteur de la *Gynaeology* (édition allemande, vol. III, p. 392), on trouve aujourd'hui dans les bordels de Londres des femmes qui se font un devoir de flageller les clients qui le désirent.

24 . Afin d'apaiser les ardeurs de l'anus, les Siphniens (Siphnos , une des Cyclades) avaient l'habitude d'introduire un doigt dans l'anus. Les Grecs appelaient ce procédé « *siphnianiser* » . Suidas : *Siphnianiser* ,— doigter le postérieur.

25 . Mais toujours, sauf la tête, car ils prenaient grand soin de leur chevelure. Horace, Ode X., livre IV., dit à Ligurin :

> "Quand ces boucles auront disparu, elles descendront désormais sur vos épaules..."

Et (Epode XI., v. 40-43) : « Rien, dit-il, ne lui ôtera son amour pour Lyciscus , si ce n'est un autre amour pour un jeune homme potelé, attachant ses longs cheveux. » Dans le même sens, Martial parle de *Capillati* (III., 58 ; II., 57) et de *Comati* (XII., 99).

26 . S'épiler les aisselles était pourtant considéré comme nécessaire à la propreté du corps : « L'un se tient bien rangé, l'autre se néglige plus qu'il ne convient ; un homme s'épile les jambes, un autre ne s'épile même pas les aisselles. (Sénèque, lettre CXIV.)

27 . Les Grecs ne dédaignaient pas plus que les Romains cette étrange pratique. Aristophane, dans la *Lysistrata* (v. 89).

"Mon affaire sera rangée avec le chiendent arraché . Dans les « Grenouilles »,
il parle de danseuses à peine pubères qui commencent à arracher la fourrure
» (v. 519) ; dans les *Thesmophoriazusae,* il est encore mentionné « un *mons Veneris*
arraché » (v. 719). Que les Grecs préféraient un pubis nu à un pubis poilu,
bien que nous puissions être d'un avis différent, ressort d'un autre passage
d'Aristophane, dans la *Lysistrata* , v. 151, 2, où un pubis lisse est représenté
comme une incitation principale à ardeur virile :

> "Si nous devions aller nues avec un pubis lisse, les membres de notre
> mari se lèveraient et ils seraient ravis de nous avoir."

Quant aux vieilles femmes, elles dénudaient également leurs poils du pubis
pour paraître moins décrépites. Martial, X., 90.

> « Ligella , est-ce que tu arraches ton ancienne affaire et remues les
> cendres de ton feu éteint ?

> De tels raffinements sont destinés aux jeunes filles ; vous vous
> trompez si vous pensez que c'est une vulve que le membre d'un
> homme ne reconnaîtra plus.

L'épilation de la vulve était également utilisée comme punition.

Aristophane, *Thesmophoriazusae* , 545, 6.

> "Nous lui arracherons le pubis et lui apprendrons, femme telle qu'elle
> est, à ne pas dire du mal des femmes."

Le même châtiment était infligé aux femmes adultères prises sur le fait ; un
radis noir ou un mulet était introduit dans son anus, qui était ensuite épilé,
ainsi que son pubis, avec des cendres brûlantes. Aristophane, *Nuages* , 1079 :

> " Quoi, faut-il subir l' empalement avec le radis et les cendres chaudes
> ? "

Suétone, sous le mot ——— : « Ainsi ils traitaient les femmes adultères
surprises sur le fait : ils prenaient des radis noirs et les plantaient dans leur
anus, qu'ils frottaient avec de la cendre chaude, après en avoir arraché les
cheveux. »

28 . Pour comprendre cela, la phrase doit être complète ; le digne Forberg
prend ses lecteurs par trop savants ; Mania, dans le poème de Machon , dit à
Démétrius en lui offrant ses fesses : « Fils d'Agamemnon, c'est maintenant
ton tour de les avoir, toi qui as toujours été si libéral avec les tiens. » (Note du
traducteur.)

29 . Voici le passage de Machon , cité par Athénée ; sans le savoir, l'allusion
de Forberg reste obscure :

« ... Démophon , le serviteur de Sophocle, avait, quand il était encore jeune, Nico, déjà vieille et surnommée la chèvre ; on dit qu'elle avait de très belles fesses. Un jour, il la supplia de les lui prêter. « Très bien, dit-elle en souriant, prends-moi, ma chère, ce que tu donnes à Sophocle. » (Note du traducteur.)

30 . *Secta* , secte (de *sequor*) peut aussi être dérivé de *secare* , couper, et signifie donc : lacération. (Note du traducteur.)

31 . Justinus raconte l'histoire un peu différemment : « Pausanias avait dû subir depuis sa puberté la violence d'Attale, qui ajoutait à cette indignité un outrage criant : l'ayant invité à un festin et l'enivrant, il ne se contenta pas de le satisfaire, lorsqu'il était plein. de vin, sa convoitise brutale, mais lui permettait d'être utilisé par tous les invités comme une vile courtisane, et faisait de lui la risée de ses égaux. Incapable de supporter cette infamie, Pausanias porta sa plainte devant Philippe à maintes reprises, mais le roi le rebutait toujours avec des promesses illusoires. Cependant, lorsque Pausanias vit Attale élevé au rang de chef de l'armée, sa fureur se tourna contre Philippe, et la vengeance qu'il ne pouvait prendre sur son ennemi, il s'en prit au juge inique. (IX., 6).

32 . Suétone, *Jules César* , ch. 48 : « Non content d'avoir écrit dans quelques-unes de ses lettres que César fut conduit par les gardes dans la chambre du roi, y dormit dans un lit d'or tendu de pourpre, et qu'il laissa fleurir sa jeunesse. ravagé en Bithynie, Cicéron lui dit un jour, au milieu du Sénat, où César défendait la cause de Nysa, fille du roi Nicomède , et lui parla de ses obligations envers ce roi : Je t'en prie, passons sur tout cela ; on ne sait que trop ce que vous avez reçu et ce que vous avez donné.

Le jour de son triomphe sur les Gaules , les soldats chantèrent les vers suivants, parmi ceux qu'on chante habituellement derrière le char triomphal, et ils sont bien connus.

> « César a soumis les Gaulois , et Nicomède César : ce jour est César triomphant pour avoir soumis les Gaulois , et Nicomède , qui a soumis César , n'a pas de triomphe.

Catulle (*carm* . 57):

> "Comme ils vont bien ensemble, ces cinédès éhontés , Mamurra la *patiente* et César ."

33 . Suétone, *Jules César* , ch. 51 : Il ne respectait pas encore le lit conjugal en province ; cela ressort du distique, également chanté par les soldats à l'entrée triomphale :

« Les citoyens s'occupent de vos femmes ; nous vous apportons l'adultère chauve. Vous avez dépensé de l'or en Gaule ; ici, vous prenez votre monnaie.

Le même auteur (*Jules César* , ch. 52) dit : « Helvius Cinna, tribun du peuple, avoua à beaucoup de gens qu'il avait rédigé et tenu prêt une loi par les instructions de César , pour la présenter pendant son absence. , par lequel il serait libre, en vue de laisser une descendance, d'épouser qui il voudrait et autant de femmes qu'il le souhaiterait. Pour que personne ne puisse douter de la notoriété de sa lubricité et de son infamie, Curion l'aîné, dans une de ses plaidoiries, l'appelle le mari de toutes les femmes et la femme de tous les maris.

34 . " Sextus Pompée lui reprochait d'être efféminé, et Marc Antoine dit avoir acheté son adoption à son oncle (ou plutôt à son grand-oncle) en se prostituant auprès de lui. Un jour de jeux publics, tout le monde comprit et lui appliqua de manière très démonstrative les vers suivants, parlés d'un prêtre de Cybelé , Mère des Dieux, jouant du tambourin :

« Voyez-vous comment un cinédé gouverne le monde avec un doigt ?
(Suétone, *Auguste* , ch. 68.)

Un tableau représentant Auguste jouant le rôle d'un *malade* se trouve aux *Monuments de la vie privée des douze* . *Césars* , pl. VI., et un autre de César et Nicomède , pl. JE.

35 . « On dit même que lors d'un sacrifice, il ne put se retenir, frappé de la jolie figure de l'encenseuse ; le service divin à peine terminé, il prit le jeune homme à part, le débaucha, puis en fit autant pour son frère, qui jouait de la flûte. Peu de temps après, il ordonna de leur briser les jambes, parce qu'ils se reprochaient leur infamie. (Suétone, *Tibère* , ch. 44). L'acte de ce fou est représenté pl. XX. dans l'ouvrage de d'Hancarville , cité en page précédente.

36 . Et aussi Pythagore. « On aurait cru qu'il ne lui restait plus rien en matière de débauche et qu'il avait atteint les limites de la dépravation, s'il n'avait choisi quelques jours plus tard dans ce troupeau infâme un certain Pythagore, qu'il prit pour son mari avec toute la solennité d'un mariage. Le *flammeum* fut mis sur la tête de l'Empereur , les auspices furent consultés, ni la dot ni les flambeaux nuptiaux ne furent oubliés ; tout s'est fait ouvertement, même ces choses qui, si elles sont faites avec une femme, sont cachées par la nuit. (Tacite, *Annales* , XV., 37). L'homme appelé Pythagore par Tacite paraît être le même à qui Suétone (*Néron* , ch. 29), donne le nom de Doryphore , soit à cause de ses services, soit par erreur. « Il prit pour époux l'affranchi Doryphore, de la même manière que Sporus l'avait pris lui-même pour époux, et il contrefaça les cris et les sanglots des vierges lorsqu'elles perdirent leur

virginité. » La planche XXXVIII de l'ouvrage cité ci-dessus montre une illustration de cette anecdote.

<u>37</u> . « Il est allé jusqu'à essayer de changer un jeune homme en femme ; il s'appelait Sporus et il le fit castrer ; lui ayant donné une dot, il se le fit amener avec le *flammeum* sur la tête, et l'épousa avec toutes les solennités nuptiales. Il nous est parvenu une parole appropriée de la part de quelqu'un, à savoir s'il n'aurait pas été préférable pour l'humanité que Domitien, son père, ait épousé une telle femme. Il fit revêtir Sporus du costume des impératrices, et le fit porter dans sa litière ; il voyageait ainsi avec lui, le conduisant à travers les réunions et les marchés en Grèce, et peu après à Rome, à l'époque des festivités sigillariennes , l'embrassant de temps en temps. (Suétone, *Néron* , ch. 28). La planche XXXIV de l'ouvrage français cité à plusieurs reprises donne une représentation de l'abominable mariage.

<u>38</u> . « Il (Hadrien) jouissait de l'affection de Trajan, mais cela ne le sauva pas de la malveillance des pédagogues des jeunes garçons que Trajan aimait si ardemment » (Spartianus , *Hadrian* , ch. 2).

<u>39</u> . « Il perdit, au cours de sa navigation sur le Nil, son cher Antinoüs, et le pleura comme une femme. Il y a diverses allégations à propos de cet Antinoüs ; certains disent qu'il était dévoué à Hadrien, d'autres soulignent la beauté de sa silhouette et le plaisir qu'Hadrien éprouvait avec lui. A la demande d' Hadrien, les Grecs le placèrent au rang des dieux et affirmèrent qu'il rendait des décisions oraculaires ; ces oracles, dit-on, furent composés par Hadrien lui-même » (Spartianus , *Hadrian* , ch. 14). Saint Jérôme dit dans l' *Hégésippe* : « Antinous, esclave de l' empereur Hadrien, du nom duquel un cirque fut nommé Antinoien , fonda également une ville portant son nom (Antinoia) et établit un Oracle dans le temple. »

<u>40</u> . « Qui, en effet, pourrait supporter un dirigeant qui s'imprégnait du plaisir par toutes les cavités de son corps ? Même une bête ne pourrait pas le faire. A Rome, son seul souci était d'envoyer des émissaires, qui devaient rechercher et amener à la cour les hommes les mieux formés pour son plaisir. Il fit représenter dans son palais la comédie de Paris, joua lui-même le rôle de Vénus, et, laissant tomber tout à coup ses vêtements, il apparut nu, une main sur la poitrine et l'autre couvrant son pudenda ; il s'agenouilla alors et offrit ses fesses relevées à son pédicon » (Lampridius , *Heliogabalus* , ch. 5). Et un peu plus loin : « Il aimait Hiéroclès au point d'embrasser ses parties viriles, chose que je rougis de rapporter ; il a dit qu'il célébrait ainsi les Floralia » (*Ibid.* , ch. 6). Il n'hésite pas à répéter le tristement célèbre mariage de Néron avec Pythagore : « Zoticus avait sur lui un tel pouvoir que les principaux fonctionnaires de l'État le traitaient comme s'il était réellement l'époux de l' empereur . Il l'épousa et le fit consommer le mariage en présence de celui qui offrait la mariée, en lui disant : « Poussez, Magira ! Et cela a été fait à une

époque où Zoticus était malade » (Lampridius , ch. 10). Zoticus s'appelait Magira en raison de la profession de son père, qui était cuisinier.

41 . Socrate, comme on le sait, n'a pas manqué de chaleureux défenseurs ; Brucker (*Critical History of Philosophy* , I., pp. 539, 540), peut les représenter tous. Sans doute Platon, dans *le Banquet* , a fait venir Alcibiade, qui dit se souvenir, pour reprendre l'expression de Cornelius Nepos (*Alcibiade* , ch. 2.) « d' avoir passé une nuit avec Socrate, mais pas autrement qu'un fils ne le ferait avec son père. » Mais Xantippe, et cela n'a rien d'étonnant, s'indignait que son mari fût si familier avec un beau garçon comme Alcibiade ; et Élien (*Varide Historiae* , XI., 12), raconte qu'elle frappa du pied un gâteau envoyé par Alcibiade, ce qui fit rire et crier Socrate : « Que fais-tu ? Vous ne pouvez pas le manger maintenant. Je ne m'en soucie pas du tout ! Mais Socrate ! les bonnes mœurs et de tels amis sont incompatibles. Il suffit de citer parmi les disciples de Socrate Platon, que Diogène Laërtius (III., 23), déclare avoir aimé Aster, Phèdre, Alexis, et avant tout Dion ; il cite une épigramme de Platon sur Dion, se terminant ainsi :

« Ô toi qui m'as si ardemment brûlé le cœur d'amour, toi Dion !

42 . Valerius Maximus (IX., 12) raconte de Pindare : « Un jour, au Gymnase, Pindare, appuyant sa tête contre la poitrine d'un jeune garçon qu'il aimait par-dessus tout (Suidas dit qu'il s'appelait Théoxène), s'endormit ; à peine le directeur de l'établissement l'eut-il vu endormi, qu'il ordonna de fermer toutes les portes, de peur que le poète ne soit réveillé. Athénée, de son côté (XIII, 81) nous parle de Sophocle : « Sophocle aimait les garçons au même degré qu'Euripide aimait les femmes » ; et un peu plus loin (ch. 82) il raconte l'histoire d'une jeunesse dont Sophocle jouissait, mais au prix de son manteau, que le coquin a soustrait. Euripide, informé de cette aventure, se moqua du poète pour avoir ainsi fait : « Moi aussi, dit-il, je l'ai eu, mais il n'a rien obtenu d'autre de moi. » Je m'étonne que ce passage d' Athénée ait paru douteux au célèbre Casaubon, à cause de l'expression « sorti de moi » qui est tout à fait correcte et applicable. Sophocle et Euripide avaient tous deux prodigué leurs fluides blancs au petit coquin ; mais de l'un d'eux il reçut en plus un manteau, et de l'autre rien d'autre.

43 . « Non moins férocement brûla l'amour d'Anacréon de Téos, dit-on, pour le jeune Samien Bathyllus » (Horace, *Épodes* , XIV., 9, 10).

44 . Les paroles réelles de Plaute sont :

« Je dois faire le service puéril : je me recroquevillerai sur un panier » (*Cistellaria* IV., sc. I., v. 5), ce qui signifie que je me pencherai vers le panier, en soulevant les fesses, et ainsi présenterai les au pédicon . C'est en effet ce qu'on appelle « l'office puéril », et qu'Apulée (*Metam* . III., ch. 2) appelle « le corollaire puéril ». Martial, IX., 68 dit simplement : « *illud puéril* ». *Conquinescere* est selon Nonius , p. 531, édition Gottfried, pour courber la colonne vertébrale, expression désignant notamment la posture passive comme on l'a vu dans le *Pseudolus* :

"Quand il courbe la colonne vertébrale, remuez simultanément vos fesses."

Certains auteurs ont également utilisé une expression encore plus énergique : « *Ocquinescere* », c'est-à-dire « se recroqueviller » (Nonius , p. 567). Pomponius, sur le mot « *Prostibulum* » : « Je n'ai jamais imposé la pédication à aucun citoyen ; Je me suis toujours abstenu, à moins que le patient ne me le demande et ne se recroqueville de son plein gré.» Et sur le mot « *Pistor* » : « À moins que quelqu'un n'ait anticipé mes désirs, s'accroupissant volontiers pour que je puisse faire la chose en toute sécurité. » Cette position du patient recroquevillé est très rarement évoquée ; la question tourne généralement autour de son agenouillement. « Ainsi, dit Lampridius d'Héliogabale, il s'offrit les fesses relevées jusqu'au pédicon » (ch. 5). Héliogabale était agenouillé et non accroupi. Il en est de même pour Timarque dans Lucien : « Tous ceux qui étaient près de toi s'en souviennent ; ils t'ont vu à genoux, alors que ton complice savait quoi » (*Apophras* , p. 152, vol. VII. — Oeuvres de Lucien édité. par J.-P. Schmid). Si vous souhaitez voir ces deux postures, vous les trouverez dans les *Monuments de la vie privée des douze Césars* , pl. XXVII., un *patient* accroupi, et pl. XXXVIII., un *patient* agenouillé.

Du fait que les hommes voulant vider leurs excréments lorsqu'ils sont dehors se recroquevillent, il est arrivé que l'on disait des pédérastes passifs qu'ils chiaient , — en fait, qu'ils chiaient les membres actifs du parti lorsqu'ils entraient. et hors de l'anus. Ainsi dans la *Priapée* , LXX. :

« Regarde-moi, voleur, et réalise le poids du membre que tu devras enlever. ..t. » Martial, IX., 70 joue aussi sur le mot :

«Quand tu aimes une femme, Polycharme , tu chies toujours avant d'avoir fini. Dis-moi, Polycharmus , que fais-tu quand tu pédides ?

45 . *Pseudolus* , IV., sc. VII., 85.

46 . Tu aurais très bien pu, Aloysia , citer aussi Horace (*Epodes* , XI) :

"Maintenant, Lyciscus me tient dans des liens d'amour dont ni les conseils amicaux ni les affronts humiliants ne parviennent à me libérer."

Et *Satires* , I., ii, v. 116-119.

« Quand vos parties intimes se gonflent, si quelque servante ou esclave est à portée de main pour que vous l'assailliez immédiatement, préférez-vous éclater de désir ? Non! pas moi !

<u>47</u> . *Art d'aimer* , II., 683, 684.

<u>48</u> . *Priapée* , II.

<u>49</u> . *Épigre* . 44, livre IX :

"En m'attrapant avec un garçon, tu me harcèles avec tes cris, et tu me dis, ma femme, que toi aussi tu as des postérieurs."

Maintes et maintes fois Junon a dit la même chose à Jupiter le Tonnerre ; pourtant il continuait à coucher avec le mince Ganymède.

Celui de Tyrius , posant son arc, courba Hylas sous lui ; penses-tu donc que Mégare était sans fesses ? Dephné , par sa fuite, contraria Phœbus , mais l'ardeur de son amour finit par trouver un soulagement chez le garçon Oebalius . Bien que Briseis dormait, souvent le dos tourné, son ami à la peau lisse Patrocle était plus du goût du fils d' Éaque .

Cessez donc, ma femme, d'appeler vos affaires par des noms masculins ; Mieux vaut considérer que vous avez deux vulves.

Son Épigramme XII., 98, traite du même sujet :

« Sachant que vous savez l'honnêteté et la fidélité de votre mari, et qu'il n'abuse jamais de votre lit avec des concubines, eh bien, femme insensée, tourmentez-vous au sujet de ces amants vénaux : le plaisir de leur complaisance est bref et fugitif !

Ils vous sont plus utiles qu'à leur maître, vous dis-je, car ils lui font croire qu'une seule femme vaut mieux qu'eux tous. Ils donnent ce que vous ne donnerez pas ; — Mais je le ferai, dites-vous, pour que le mari instable ne s'éloigne pas du lit conjugal.

Mais ce n'est pas la même chose, je veux une figue, pas une orange, et tu dois savoir que la leur est une figue, la tienne une orange ; Regarder! une matrone, une femme comme vous, doit savoir ce qui lui appartient. Laissez aux garçons ce qui est à eux, et tirez le meilleur parti de ce qui est à vous.

<u>50</u> . Certaines prostituées étaient assises (Plaute, *Poenulus* , I., ii., v. 54), d'autres se levaient : « Un autre homme n'aura que la prostituée qui se tient debout dans le bordel impur » (Horace, *Sat.* I., ii., v.30.)

<u>51</u> . *La Messaline* de Juvénal (VI., v. 123) se prostitue « sous le nom fictif de Lycisca ». Pétrone : « Je vois des hommes se glisser furtivement entre les

panneaux d'affichage et les prostituées nues ; J'ai compris, hélas, trop tard, que j'avais été introduit dans un mauvais endroit. (*Satyre.* ch. 7.) Martial, XI., 46 :

> "Quand vous franchissez le seuil d'une chambre avec un panneau au-dessus de la porte, que ce soit un garçon ou une fille qui vous a accueilli avec un sourire..."

Que les prostituées aient changé de nom ressort d'un passage de Plaute (*Poenulus* , V., iii, 20, 21) :

> « Car aujourd'hui ils devaient changer de nom, et prêteraient leurs corps pour un trafic infâme. »

<u>52</u> . Horace, *samedi. II.* , VII, 48, 49 :

> "... Chaque femme nue sous la lumière d'une lampe a enduré les poussées d'un membre enflé."

Juvénal, VI., 130, 131.

> "Encrassée par l'odeur de la lampe, elle portait sur le canapé impérial la puanteur du bordel."

<u>53</u> . Les auteurs varient sur ce point. Hérodote : « Les Perses polluent les jeunes garçons ; ils l'ont appris des Grecs » (I., 135). Plutarque réfute cette affirmation : « Comment les Perses peuvent-ils être redevables de ces impuretés aux Grecs, alors que tous les historiens sont d'accord sur le fait qu'ils avaient des eunuques avant même d'avoir approché les mers grecques ? » (*De la méchanceté d'Hérodote* , p. 857, tome II de l'édition de Francfort de 1620). *Athénée* : « La Pédérastie fut introduite pour la première fois en Grèce par les Crétois, comme le raconte Timée ; d'autres auteurs cependant ont affirmé que le premier homme qui importa ce genre d'amour fut Laïos, qui, après avoir été hospitalièrement reçu par Pélops, tomba amoureux de Chrysippe , le fils de son armée, l'emporta sur son char et s'enfuit à Thèbes. .» (XIII., 79.) Et qui n'a pas entendu parler de l'incontinence des habitants de Sodome ?

<u>54</u> . Notamment en Eubée, d'où l'expression « Chalcidize », signifiant, selon Hésychius, pédiquer , car les amours masculines fleurissaient chez les Chalcidiens. « Phicidize » est une autre expression pour la même chose, tirée du nom d'une ville aujourd'hui inconnue ; Suidas : « Phicidize , être un pédéraste », et de même, « Siphnianize » de Siphnos , une île de la mer Égée ; Hésychius dit : « Siphnianiser , c'est-à-dire doigter l'anus ; les habitants de Siphnos sont en effet livrés à la pratique de la pédérastie . Nous avons vu plus haut que le sens de Siphnianize a été perverti.

55 . *Athénée* , XIII., 79 : « De tous les barbares, les Celtes, bien que leurs femmes soient les plus belles, il n'est donc pas surprenant qu'un ardent amateur de « belles femmes », tel que Jules César nous est décrit, puisse dans les provinces gauloises n'ont pas été très respectueuses du lit conjugal ; les Celtes prennent plus de plaisir à la pédérastie que toute autre nation, à tel point que chez eux il n'est pas rare de trouver un homme couché entre deux serviteurs.

56 . Pardonnez-moi, illustre Marcus Pullarius , de vous avoir presque oublié. Ausonius, *Épigre* . LXX. :

> « Quel Marcus ? Celui qu'on appelle le « chat qui attrape les garçons », celui qui ternit toute la pureté de l'enfance, qui manie avec son outil de porte dérobée la Vénus arrière, le *subulo* du poète Lucilius , son *pullipremo* .

Ausonius l'appelle le chat pullarien , parce qu'il chassait les jeunes garçons (puelli) comme le chat poursuit les oiseaux ; il l'appelle en lui appliquant les mêmes épithètes que « Lucilius , dont il a eu l'occasion de lire les satires, — plus heureux en cela que nous, — un *subulo* » (de *subula* , un poinçon), voulant faire comprendre qu'avec son membre, il transperça, comme un cordonnier avec son poinçon, l'anus des cinèdes ; et *pullipremo* , de sa compression dans son travail de jeunes garçons.

57 . « Menaçant avec sa lance baissée un jeune homme (c'était un pédicon déterminé), il disait qu'il avait l'intention d'aller à Aversa, une ville célèbre » (Aloysia Sigée , Dialogue VII.).

58 . Voir « Histoire du XVIIIe siècle », du Christ. Dan. Voss (en allemand, partie V., p. 364). Quant aux pédicons de position moins élevée, dont parle la veuve de Philippe, premier duc d'Orléans (dans ses lettres amusantes, pp. 74, 284, 350), parus il y a une trentaine d'années, il y a : Le cardinal de Bouillon, le chevalier de Lorraine, le comte de Marsan, François Louis, prince de Conti. Ceux-ci, ainsi que le comte de Varmandois , un cinéde de ce dernier, doivent se contenter de figurer dans une simple note de bas de page.

59 . Ne vous méprenez pas sur ce que je dis. Il n'appartient pas à un honnête homme d'aiguiser son esprit aux dépens du livre d'autrui.

CHAPITRE III

D'IRRUMATION [60]

Mettre le membre en érection dans la bouche d'autrui s'appelle *irrumer* , mot qui, dans son sens propre, signifie donner le sein ; en fait, selon *Nonius* , p. 579 (édition Gottfried), les Anciens appelaient le sein *ruma* . La verge, introduite dans la bouche, veut être chatouillée soit par les lèvres, soit par la langue, et sucée ; celui qui rend ce service au pénis est un fellateur ou un suceur, car chez les Anciens, *le fellare* était destiné à sucer, selon *Nonius* *également* , p. 547. L'équivalent de *fellare* en grec est ———.

On pense que les lesbiennes sont les inventeurs de cette méchanceté particulière. Le Scholiaste, au vers 1337 des *Guêpes* d'Aristophane, cite Théopompe comme garant de ce fait.

C'est la raison pour laquelle les Grecs appliquent l'expression « Lesbianiser » ou « Lesbize » à ceux qui imitaient les usages lesbiens, soit comme *irrumants* , soit comme *fellateurs* . Suidas : « Lesbianiser – souiller la bouche ; on pense en effet que les lesbiennes se livrent à ces actes honteux. Le même auteur dit sous le mot : « *Siphnianiser* , — lesbianiser , c'est-à-dire user abominablement de la bouche. » [61] Aristophane a employé le mot dans le sens de *sucer* (*Guêpes* , 1337).

> "Regarde, avec quelle habileté je t'ai tenu à l'écart, quand tu voulais lesbiennes les invités."

Et encore dans les *Grenouilles* 1343 :

> "Cette Muse n'a-t-elle jamais utilisé le mode Lesbien ?" [62]

Mais Hésychius l'a employé pour *irrumate* : « Lesbianiser, souiller la bouche d'un homme ».

Lesbianiser et Phœnicianiser sont généralement utilisés conjointement, comme si cette pratique avait été également courante chez les Phéniciens . Lucien dit dans son *Apophras* (ch. 26) :

> « Au nom des Dieux, dites-moi à quoi vous pensez, quand on dit publiquement que vous lesbianisez et phénicianisez ?

On ne sait pas quelle peut être la différence entre les deux. En tout cas, Timarchus , qui est si amèrement attaqué par Lucien, était un *fellateur* , comme on peut facilement le déduire de ce qui suit. Timarque , arrivé à Cyzique pour assister à un festin de noces, fut chassé dehors (*ibid.* , ch. 26), la maîtresse de maison lui reprochant en ces termes l'impureté de sa bouche : « Je n'aurais pas voulu chez moi un homme qui doit avoir un homme lui-même ! Le passage qui précède est encore plus clair et plus pertinent : Que reproche-t-il à Timarque , qui l'a surpris agenouillé devant un jeune garçon (*ibid.* , ch. 21), et qui dit plus loin, « qu'il avait je l'ai vu au travail », si cela ne s'applique pas à un *fellateur* ? D'ailleurs, que signifie ce mal de gorge contracté par lui en Egypte (*ibid.* , ch. 27), où, selon la rumeur , il avait failli être étouffé par un marin, qui s'était jeté sur lui et lui avait bouché la bouche ? D'où ce surnom de Cyclope (*ibid.* , ch. 28), qui lui fut donné, parce qu'un jour, alors qu'il était ivre à terre, un jeune homme, « avec un pieu haut bien aiguisé », se jeta sur lui. sur lui, pour l'enfoncer dans sa bouche, comme Ulysse faisait avec l'œil du Cyclope : « Un nouveau Cyclope, la bouche ouverte à fond, tu le laisses te crever les joues. » Il est inutile d'y ajouter les passages concernant ceux qui repoussent ses baisers (ch. 23), ou quant à l'usage dont il fait de sa langue (ch. 25), car il est douteux qu'ils s'adressent à un *un fellateur* ou un *cunnilingue* (un lèche-vulve). Que Timarchus n'était pas étranger à *l'irrumation* , semble impliqué (ch. 17) par l'apostrophe : « N'êtes-vous pas tout cela ? d'autant plus que la parole précédente de Lucien : « Si quelqu'un voit un cinéaste faire ou subir l'acte honteux... » montre que la partie active était aussi l'un des vices de Timarque . Lucien pourrait donc justement dire de ce Timarque qu'il a lesbianisé et phénicisé , s'il voulait sous-entendre par l'un de ces mots « sucer » et par l'autre « irrumer ». Mais on ne sait pas lequel de ces mots signifie « sucer » et lequel « irrumer ». Mais qu'importe ? Il ne fait aucun doute que Lucien avait l'intention de faire cette distinction. Phœnicianiser pourrait même s'appliquer à un *cunnilingue* [63] , expression sur laquelle nous développerons tout à l'heure. Inutile donc ici de donner des exemples de femmes qui se sont laissé lécher la vulve.

Très remarquable est un passage de Galien dans le livre X., *De vi simplicium* , dans lequel il fait une distinction entre Lesbianiser et Phœnicianiser , démontrant que l'un est plus honteux que l'autre :

> « Il est pire qu'un honnête homme soit traité de mangeur d'excréments plutôt que de profanateur ou de cinéaste ; et parmi les profanateurs nous exécrons ceux qui phénicianisent plus que ceux qui lesbianisent. Je considère que cette dernière fait ce qui est aussi mauvais que l'habitude de boire ses pertes menstruelles. [64] »

Galien veut dire par là que l'homme qui utilise des excréments humains comme médicament est considéré comme pire qu'un fellateur ou un cinéaste ; que parmi les fellateurs, les Phéniciens sont plus abominables que les Lesbianistes. Il ne fait donc aucun doute qu'il désigne l'action des *fellateurs* par le mot phénicianisant , et par lesbianisant celle des *irrumants* . En effet, comme il juge les pires qui se rapprochent le plus des mangeurs d'excréments, il ne saurait moins détester ceux qui souillent leur bouche par fellation que ceux qui souillent la bouche des autres par irrumation ; de même, il ne pouvait s'empêcher d'avoir en horreur les *cunnilinggues* et les buveurs de règles, dont nous parlerons plus tard.

Mais les lesbiennes trouvèrent des imitateurs. Les habitants de Nola étaient à cet égard en mauvaise réputation parmi les Anciens ; dans Ausonius, *Epigr*. LXXI., Crispa , une fellatrice, exercerait le métier « avec lequel une mollesse sans précédent inspirait les habitants de Nola ». Cependant, voici cette épigramme pleine d'entrain dans son intégralité :

> « Au-delà des joies intimes de l'amour légitime, la luxure haineuse a découvert d'autres modes de plaisir ignobles, du genre de ceux que la solitude de Lesbos a enseignés à l'héritier d'Hercule, du genre d' Afranius à la langue douce dans sa robe d'acteur déployée sur scène, de le genre d'effémination sans précédent qui inspirait les hommes de Nola. Crispa , qui n'a qu'un seul corps, les pratique pourtant tous : se masturbe, fait des fellations, travaille par l'un ou l'autre orifice, — redoutant de mourir en vain avant d'avoir essayé tous les modes.

Pour expliquer, Crispa , bien sûr , n'a pas négligé de se faire entrer de la manière habituelle ; ce sont « les joies intimes de l'amour légitime ». Puis elle se laissa pédifier ; c'est le vice de Philoctète, l'héritier des flèches d'Hercule, ainsi que d'Afranius , dont Quintilien dit : « Il excellait dans la comédie romaine ; dommage qu'il ait pollué ses pièces d'amours masculins infâmes ! Il a ainsi témoigné contre sa propre morale » (*Inst. Orat* . , X., I). Crispa ne manqua pas non plus de se laisser *irriter* par « le vice que leur mollesse sans précédent a inculqué aux hommes de Nola ». Enfin le tout est récapitulé assez clairement dans l'avant-dernière ligne ; se masturber est le genre, tandis que sucer et travailler par l'un et l'autre orifices sont autant d'espèces, trois en tout.

Il y a des auteurs qui pensent que la célèbre énigme de Coelius en Quintilien : *Clytaemnestram quadrantariam , en triclinio coam , en cubique nolam* (*Instit* . *Orat* . , VIII., 6 p. 747), désigne une femme du nom de Nola, elle étant une *fellatrice* à la manière des Nolan . Mais je préfère l'interprétation d' Alciatus ; il croit que la femme en question était Clodia , la sœur notoire de Clodius et épouse de Metellus , appelée *Coa* , parce qu'elle aimait le coït sur le triclinium ouvert, et *Nola* parce qu'elle refusait le coït au lit. Spalding s'étonne du manque d'exactitude qu'aurait dans ce cas le mot *quadrantaria* . Pour moi, cela revient à chercher des nœuds à la hâte. Pourquoi ne supposerions-nous pas Clodia , dégoûtée, comme Messaline, par la facilité de ses adultères, d'avoir été entraînée à des excès extraordinaires [65] au point qu'elle ne voulait plus avoir de commerce avec les hommes dans l'obscurité, mais seulement dans l'obscurité ? éblouissement des torches allumées, comme Martial l'avoue en parlant de lui-même (XI., 104) :

« Vous aimez le jeu dans le noir, j'aime le jeu à la lumière d'une lampe ; mon plaisir est de faire mon entrée avec de la lumière pour voir à travers », - et en présence d'un témoin vivant, qu'on puisse la voir, sinon réellement sur le dos, du moins s'en aller ou revenir après. Pensez-vous que l'indécence ne puisse pas aller aussi loin ? Que fit Auguste, à qui Marc Antoine, selon Suétone, « reprocha d'avoir, dans une fête, emmené du triclinium dans une chambre à coucher, en présence de son mari, la femme d'un consulaire, et de la reconduire ensuite à table avec elle ? le visage tout en feu et les cheveux en désordre ? (*Auguste*, ch. 69). Et Caligula, selon le même Suétone, « lorsqu'un invité à un repas de noces dit à Pison , qui était assis près de lui : « Ne t'approche pas si près de ma femme ! et immédiatement après la fit se lever de table et l'emmena avec lui » (*Calig.* , ch. 25). Le même auteur (*Calig.* , ch. 36), parlant des plus illustres dames romaines, nous dit que Caligula « les invitait à dîner avec leurs maris, les passait en revue devant lui, il les examinait avec la minutieuse attention d'un homme ». marchands d'esclaves, levant la tête si l'un d'eux les inclinait de honte. Chaque fois qu'il en avait envie, il quittait le triclinium et emmenait à part la belle élue ; puis, après être revenu dans la chambre avec les traces de son acte encore sur lui, il louait ou critiquait ouvertement ces dames, parlant des beautés ou des défauts de leur corps, et même combien de fois il avait répété cette jouissance. Horace parle encore d'une femme adultère (*Odes* , III., vi, 25-32) :

> « Bientôt, elle cherche de nouveaux plaisirs adultères, pendant que le mari est ivre ; et ne se soucie pas de savoir à qui elle accorde les plaisirs furtifs interdits, qu'elle est prête à donner et à prendre, les torches éteintes. Non! elle ne se soucie pas de la présence de son mari, et avec sa connaissance, elle se lève à la rencontre de quiconque peut l'appeler, par exemple un marchand, par exemple le commandant d'un navire espagnol dans le port , qui achète ses faveurs par tarif !

encore la fête du pape Alexandre VI, dont nous avons déjà parlé pour votre profit et votre amusement dans notre *Hermaphrodite* [66] .

Cette preuve est-elle suffisante pour vous satisfaire quant à ces *Coae* du triclinium ? Bien! c'était ainsi que Clodia préférait se faire avoir. Seule avec un amant solitaire au lit et personne à côté, elle a refusé (*nolebat*) ; en public sur le triclinium, elle était assez disposée au coït (*volebat fibre*). D'où la plaisanterie ; elle était *Coa* et *Nola* . Cœlius aurait pu le dire encore plus clairement ; sur le triclinium, elle était *Vola* , au lit *Nola* .

Ce n'étaient pas seulement les habitants de Nola qui étaient adonnés au vice lesbien, les Osques [67] étaient généralement considérés comme très portés sur ce vice, à tel point que certains auteurs font remonter à eux (les Osci), appelés autrefois les Opsci ou Opici , l'étymologie du mot « Obscène », Festus, p. 553 :

« Dans presque tous les traités anciens, le mot s'écrit *Opicum* au lieu d' *Oscum* ; c'est du nom de ce peuple que les expressions éhontées et impudentes sont qualifiées d'obscènes, parce que l'abandon à la débauche sale était très courant parmi les Osques .

Les Anciens employaient de nombreuses formes de circonlocutions pour transmettre le sens de leurs sales pratiques. Par exemple, au lieu d' *irrumer*, ils disaient : offenser la bouche [68], corrompre la bouche [69], attaquer la tête [70] , défier en face [71], insulter la tête, ne pas épargner la tête [72], pour ouvrir la bouche [73], gagner les hauteurs [74], monter vers des régions plus élevées [75] , comprimer la langue [76], se livrer à des rapports abominables [77], et au lieu de recevoir le membre dans la bouche, ils disaient : prêter la bouche avec une aimable complaisance [78], travailler avec la bouche [79], lécher les parties médianes des hommes [80], lécher simplement [81], ou enfin se taire [82]. Tout comme Persius a employé le mot *cevere*, pour se tortiller dans le sens de flatteur, de même Catulle utilise *irrumate* pour signifier traiter ignominieusement [83].

C'est ainsi qu'il se plaint d'avoir été irrumé par Memmius XXVIII., 9, 10 :

> "Oh, Memmius , bien, longtemps et tranquillement, allongé sur le dos sur toute la longueur de cette poutre, tu m'as irrité."

Il avait en effet éprouvé en Bithynie la mesquinerie et l'avarice de ce préteur Memmius , qui ne se souciait pas de l'honneur de ses camarades , et auquel fait allusion l' *Epigre* . X., 12, « Préteur et irrumateur ». Dans *Épigre* . XXXVII., il menace ses bons compagnons de débauche, chez lesquels sa maîtresse s'est réfugiée :

"... Pensez-vous que je n'ose pas irrumuer seul, devant moi, deux cents héros de la brasserie ?" Et il ajoute qu'il écrivait sur la devanture de la taverne l'infamie de ces canailles :

> "... Vos noms, je les inscrire sur toute la devanture de la taverne."

D'autres passages de Catulle, XXI., 12, et LXXIV., 5, sont également cités pour prouver les divers emplois du mot *irrumate* ; mais ils ne me semblent pas avoir d'incidence sur la question.

L'épithète *d'éhonté* était surtout donnée à l'homme qui se laissait pédifier ou irrumer. *Priapée* LIX. :

> « Si vous venez pour voler, vous reviendrez *sans vergogne* . »

Cicéron, *De Oratore* , II., 257 :

> « Si vous êtes *sans vergogne* devant et derrière... »

Horace, *Épître* , I., XVI., 36 :

"S'il me traite de voleur, il nie que je sois chaste."

Lampridius , *Commode* , ch. dix:

> « Déjà enfant, il était glouton et *sans vergogne* , ce qui s'explique par ce qu'il dit au ch. 5 : « Il s'est livré aux abus infâmes des jeunes gens et à leurs assauts », et ch. moi : « Dès son plus jeune âge, il fut dépravé, malicieux, cruel, libertin ; il a laissé sa bouche se souiller et se souiller.

En revanche, une femme qui ne s'était jamais soumise à un homme était appelée *chaste* (*Priapeia* XXXI.) :

> « Vous avez le droit d'être aussi chaste que Vesta ; » La même épithète était donnée à une épouse fidèle à son mari, comme celle que Martial vante dans *Epigr* . X., 63.

> « Mon lit est éclairé de la gloire la plus rare : un membre, une seule mentule a connu ma chasteté. »

Aux exemples précédents de *fellateurs* et *de fellatrices* nous ajouterons maintenant, d' Aloysia Le livre de Sigaea , celui de Crisogono , qui persuade astucieusement Sempronia de lui prêter sa bouche :

> « Avant-hier (c'est Ottavia qui parle), Crisogono est venu voir ma mère dans l'après-midi. Tout était calme et silencieux. A peine avait-il commencé à s'amuser un peu avec elle, qu'il devint très importun. « Hier matin, dit-il, j'ai appris une nouvelle sorte de plaisir. Un de nos grands personnages, qui en avait certainement goûté, dit qu'il n'y a rien de plus dégoûtant et de plus repoussant que ces parties de sa femme qui la marquent comme femme , et il a une très jolie femme, remarquez ! Dans cet évier, tout est immonde, tandis que là (embrassant ma mère sur la bouche) habite la vraie Vénus. Il déteste donc cette caverne désagréable et adore cette bouche pure, cette tête charmante. Il ne regarde rien d'autre, son membre ne se lève que pour rien d'autre. Sa femme est aussi pleine d'entrain que belle, et encore plus obligeante. Elle ne connaît d'autre plaisir que celui de son mari ; ce qu'il juge juste, elle le juge convenable et encourage tous les caprices de son mari ; alors elle lui prête le service de sa bouche. Que ferais-tu, Sempronia , si je te le demandais ? Si vous refusiez, je dirais que vous avez oublié toutes vos promesses et votre foi engagée. Vous savez que Socrate disait : « Le beau corps d'une jolie femme n'est qu'un trésor vivant de volupté, l'entrepôt où les hommes ont recours pour trouver leurs plaisirs, vers lequel ils dirigent les flots brûlants de leur lubrification. Qu'importe que vous remplissiez votre devoir par ce canal pur (en lui embrassant la bouche) ou par cet autre (en touchant le dessous) qui est infecté ? Il l'a persuadée de ce qu'elle était prête à faire sans persuasion. "Oh!" dit-elle en souriant, quel air vous

voulez que je joue, et sur quelle flûte, dans notre concert ! prenant dans sa main son membre, qui commençait à se soulever. Elle saisit la pointe de son dard entre ses lèvres et, tournant sa langue autour, provoqua de nouveaux transports de joie au membre qui glissa dans son nouveau réceptacle. Mais sentant que les fontaines de saumure de Vénus allaient éclater, elle recula d'horreur. « Vous ne me dégraderiez pas au point, dit ma mère, de me faire boire un homme sous forme liquide ? A peine avait-elle parlé, qu'une averse abondante tomba sur sa robe. Il montra une certaine colère : « Comment as-tu pu être si stupide, s'écria-t-il, au point de gâcher un si bon travail ! » Elle répondit : « Pardonne-moi, la prochaine fois tu me trouveras plus obéissante. » Elle a tenu parole et a effectivement bu des hommes à l'état liquide, chose épicée, car en effet la graine est épicée de sel ! (Composez. VII.)

Mancia se montra également complaisante en ce sens envers Marino ; Eleanor le raconte dans Aloysia Sigée :

« Ma cousine Mancia a épousé un Napolitain nommé Marino. Marino brûle de débauche. Le libertin cherche la femme chez Mancia jusque au-dessus des seins ; il veut sa bouche, comme si la vulve de la jeune épouse s'y était réfugiée, ou comme si la bouche avait passé un marché avec la vulve pour participer aux jeux de Vénus. Je lui ai reproché d'avoir permis un acte aussi contre nature. "Qu'auriez-vous?" dit-elle. « L'instrument de Marino occupe ma bouche, donc je ne peux pas me plaindre. Nous plaisons à nos maris uniquement parce que nous sommes des femmes. Peu importe où on l'emmène, si seulement une femme prouve qu'elle est une femme, elle plaira. » (Dial. VII.)

Alfonso essaie également d'engager Eleanor elle-même de la même manière :

« Regardez-vous ! Ottavia », a ajouté Eleanor, « comme Alfonso est passionnément amoureux. Il y a quelques jours, après avoir plusieurs fois manié légitimement son javelot, il me l'a présenté à la bouche. « Votre catapulte, mon Alphonse, lui dis-je, n'est pas faite pour forcer cette porte ; tu es fou et tu veux que je sois pareil. "Non! Je voudrais que tu sois fou, pas moi-même ; car si vous m'aimez, je le dois à votre folie et non à aucun de mes mérites. Si je délire, je peux oublier le respect que je vous dois, et j'aime mieux mourir que de cesser de vivre pour vous seul. Ces paroles m'adoucirent le cœur et me décidèrent à l'assister dans ce jeu. Je saisis son dard enflammé le cœur bon entre les lèvres. Mais ce fut tout, son membre revint volontairement à la place qu'il avait quitté, et termina ses exploits, qu'il avait impudemment commencés là-haut, proprement dans la région du milieu. (Composez. VII.)

Gonzalvo de Cordoue était un autre amateur de ce mode. Aloysie Sigée :

« Gonzalve de Cordoue, général célèbre, aurait, dit-on, beaucoup pris à ce genre de volupté dans sa vieillesse. » (Composez. VII.)

L'ingéniosité lascive de Tibère a inventé une nouvelle espèce de *fellation* .

« Ses turpitudes allèrent plus loin encore, jusqu'à des excès si infâmes, qu'il est aussi difficile de les raconter que de les écouter ; ils sont à peine crédibles. Il faisait apprendre aux petits enfants, dès l'âge le plus tendre, à jouer entre ses jambes, pendant qu'il nageait dans son bain, les appelant ses petits poissons, à le toucher légèrement avec la langue et les dents, et comme des bébés de peu de force et de croissance. , bien qu'il ne soit pas encore sevré, de téter ses parties intimes comme ils le feraient avec le sein de leur mère. Son âge et son penchant le prédisposaient avant tout à ce genre de plaisir. (Suétone, *Tibère* , ch. 44).

Une représentation de cet ingénieux libertin chatouillé par ce qu'il appelait ses petits poissons, est visible sur la planche XVIII. des *Monuments de la vie privée des douze Césars* .

Les hommes avancés en âge, dont le membre n'obéit plus à leur volonté, sont plus enclins à irrumer que les autres. C'est à cette circonstance que se réfère le passage de Martial, IV., 50 :

"Aucun homme n'est trop vieux pour irrumer."

XI., 47 :

«Gagnez des hauteurs; là, votre ancien membre ressuscitera.

Et III., 75 :

« Votre mentula, Lupercus , a depuis longtemps cessé de se raidir ; néanmoins, dans votre folie, vous vous efforcez de le faire monter. Vous voulez maintenant corrompre des lèvres pures pour de l'or ; mais même ainsi, votre Vénus est stimulée en vain.

Pour cette raison les hommes mariés craignent moins les irrumateurs . Ainsi Martial traita-t-il avec plus de légèreté Lupus, qu'il avait surpris en irrumant sa Polla , dans le passage (X., 40) cité précédemment. Le mari de Glycère , si tant est qu'elle en ait un, ne devait pas non plus craindre que Lupercus fasse son devoir pour lui, Martial, XI., 41 :

« Lupercus aime la belle Glycère ; il est son seigneur et maître, et lui seul. Il se plaignait amèrement de ne pas l'aimer depuis un mois ;

Aelianus en a demandé la raison, et il a répondu que Glycera avait mal aux dents.

Lepidinius , dans l' *Hermaphroditus* (I., 13), est d'avis que quiconque a déjà irrité ne peut jamais se débarrasser ou renoncer à cette habitude. Je dois laisser aux experts le soin d'en décider. C'est ce que pense aussi Aloysia Sigaea : "Ceux qui y ont goûté une fois deviennent fous de ce plaisir." (Composez. VII.)

Il n'est pas étonnant qu'après la fellation , la bouche doive être lavée avec de l'eau. Martial y fait allusion, II., 50 ;

> « Tu prêtes ta bouche, et puis tu bois de l'eau, Lesbia ; c'est bien vrai : là où est ton travail, là tu prends de l'eau.

Priapée , XXX., dit :

> « Promenez-vous dans les vignes, et si vous volez quelque raisin, vous aurez de l'eau, étranger, à prendre d'une autre manière. »

Priape signifie : « Tu es venu chercher de l'eau à boire ; mais si vous cueillez des raisins, je vous irrumerai, et alors vous aurez besoin d'eau pour vous rincer la bouche plutôt que pour boire. Martial le dit à Chioné dans *l'Épigramme* III., 87, déjà cité.

Demander le prêt de la bouche, c'est exiger une chose bien plus honteuse que les deux autres orifices. Martial, IX., 68 :

> « Toute la nuit, j'ai possédé une jeune fille lubrique ; Je n'ai jamais connu quelqu'un de plus méchant . Fatigué de mille postures, j'ai demandé le service puéril ; avant que j'aie fini de demander, elle s'est immédiatement retournée en signe d'acquiescement. En riant et en rougissant, j'ai demandé quelque chose de pire que cela, — le dévergondé a immédiatement consenti » [84] .

Ceux qui se trouvaient dans cette situation se gardèrent bien de se laisser surprendre ; Martial, XI., 46 :

> "Lorsque vous avez franchi le seuil d'une chambre avec un nom sur un panneau, que ce soit un garçon ou une fille qui vous a souri en guise de bienvenue, les portes, les tentures et les serrures ne vous contentent pas, et vous voulez être encore plus sûr de ne pas être surveillé. . Le mystère est ce que vous voulez ; vous regardez avec méfiance la moindre fissure dans la porte et vous l'arrêtez ; de même avec le plus petit trou d'épingle fait par une main curieuse. Personne ne peut être plus modeste et plus circonspect dans ses actes, Cantharus, que l'homme qui veut pédiquer ou copuler.

Cependant les anciens Romains ne rougissaient pas d'irrumer, comme le montre l'usage que Catulle fait de ce mot, si méprisant qu'il soit. Ce dont ils *avaient* honte, c'était *la fellation* . Il y a en effet une certaine audace audacieuse dans le rôle actif, mais aucune dans le rôle passif, surtout lorsque la bouche, l'organe le plus noble du corps, doit remplir de si vils offices. Ajoutez à cela qu'une haleine fétide était acquise par cette habitude, que *les fellateurs* cherchaient à cacher par tous les moyens, craignant de mettre en fuite les convives et les connaissances qui devraient les saluer d'un baiser dans la rue.

Les fellateurs étaient si répugnants envers les convives à table, qu'on ne leur offrait aucune coupe [85], ou quand on les offrait, on les cassait ensuite [86], et que ce n'était qu'à contrecœur qu'on embrassait leur bouche [87], lorsqu'elle est présentée pour le salut. Ainsi, il était préférable d'être pris pour un *cinéaste* plutôt que pour un *fellateur* [88], comme Phœbus dans Martial, III., 73 :

> « Vous couchez avec des jeunes dont les membres ont atteint leur pleine taille, et ce qui s'élève avec eux ne s'élèvera pas avec vous. Je t'en prie, Phœbus , dis-moi, que dois-je soupçonner ? Si je pouvais penser que tu n'étais qu'efféminé ! Mais la rumeur dit que tu n'es pas un *cinéde* !

Le cas de Callistrate , au XII., 35 de notre auteur , est semblable :

> « Tu es très franc, Callistrate , avec moi, et tu me dis qu'on te le fait souvent. Vous n'êtes pas aussi simple qu'il y paraît ; l'homme qui dit de telles choses ne raconte pas d'autres pires. [89] »

Pour la même raison, Charidemus ne sera pas appelé *patient* et montre ses jambes et sa poitrine couvertes de poils. Martial lui dit (VI., 56), de s'arranger de manière à apparaître comme un serviteur plutôt que comme un *fellateur* :

> « Parce que tes jambes sont couvertes de poils, ta poitrine de poils, tu penses, Charidemus , transmettre tes paroles à la postérité ; suivez mon conseil, arrachez les poils de tout votre corps et faites certifier que vous vous épilez les fesses. Pourquoi ? demandez- vous . — Vous savez que le monde raconte bien des histoires ; essayez de leur faire croire que vous êtes simplement pédiqué .

La fellation , comme cela était juste, recevait un paiement et un paiement élevé. Martial, XI., 67 montre ceci :

> « Vous êtes un informateur et un maître chanteur, un escroc et un escroc, *un fellateur* et un tyran. Ce qui est étonnant, c'est que vous n'avez pas d'argent.

Et encore, III., 75 :

« Votre membre, Lupercus , a depuis longtemps cessé de se raidir ; néanmoins, dans votre folie, vous vous efforcez de le faire monter. Le moût de chou ou les oignons salaces ne servent à rien, la sarriette provocante ne vous sert à rien. Vous voulez maintenant corrompre des lèvres pures pour de l'or ; mais votre Vénus est quand même stimulée en vain. Mais, chose étonnante et à peine crue, ce qui ne s'élèvera pas, Lupercus , s'élèvera si vous payez une lourde somme.

Mais quand il s'agit de fellation , il ne faut pas passer sous silence le corbeau, que notre autorité permanente (Martial, XIV., 74), appelle un *fellateur* :

« Salut corbeau [90] , pourquoi t'appelle-t-on *fellateur* ? Jamais une mentula n'est entrée dans ton bec.

Le fait est que des ignorants croyaient que le corbeau accomplissait le coït avec son bec :

Pline dit : « Le troupeau vulgaire croit opérer le coït et procréer avec son bec. Aristote a nié cela, affirmant que les corbeaux échangent simplement des baisers de la même manière, familière à tout le monde, que les pigeons. (*Histoire naturelle* , X., 12.)

Erasmus nie dans son *Adagia* , sous le mot *Lesbiari* (p. 409 de l'édition de Francfort, 1670), qu'à son époque la pratique obscène de l'irrumation était encore connue :

« A**** (lécher), si je ne me trompe, c'est chez les Grecs la même chose que *tomber* chez les Latins. Le mot demeure en effet ; mais la chose elle-même est, je pense, depuis longtemps supprimée.

Je crains que ce ne soit pas vraiment le cas. En tout cas, on me dit que cette pratique n'est pas tout à fait contraire aux habitudes des libertins d'aujourd'hui ; ceux-ci doivent décider quelles opportunités les amènent dans les grandes villes. Planche XXI., dans les *Monuments de la vie privée des douze Césars* représente un *fellateur* . Cependant, le tableau gracieux en question appartient en réalité plus proprement à la catégorie des « postures spintriennes », dont nous parlerons plus en détail, qu'au présent chapitre.

<u>60</u> . Vous voyez que nous suivons le même ordre général que dans la *Priapée* , VII.

> « *Je* te préviens, mon garçon, je veux te pédifier ; avec toi, ma fille, je copulerai. La *troisième* pénalité est réservée au voyou barbu.

<u>61</u> . Eustathe , p. 741, est très ambigu : « Lesbianiser, — commettre un acte honteux. »

<u>62</u> . Je ne sais pas trop si le passage suivant des *Thesmophoriazusae* (915-917) fait référence à cela ou non :

> « Maintenant, malheureuse fille, tu aspires au plaisir après le mode ionien. En plus, je pense que tu es une Labda , comme c'est le cas des lesbiennes.

Une fellatrice semble avoir porté le nom de Labda , à cause de la première lettre du mot Lesbianize : mais le passage est tout à fait isolé, car dans celui de Varro, conservé par Nonius , et se référant à l'annotation de Scaliger sur la *Priapeia* LXXVIII . ., où l'on trouve :

> « Depsistis , décite . Labdaé .

La lecture est douteuse et le sens n'est pas clair. Le vers d'Ausonius, *Epigr* . 128 :

> « Quand il met sa langue, alors il est un Labda », n'a rien à voir avec cette question, comme nous le montrerons plus loin.

<u>63</u> . Je ne sais pas si le surnom de Rododaphné (laurier-rose), donné à Timarchus en Syrie (*ibid.* , ch. 27), ne signifie pas *cunnilingue* , comme par rose on entend les parties femelles, tandis que les feuilles de laurier signifie la langue qui lèche. Ce patronyme avait sans doute pour Lucien un sens obscène qu'il ne dévoilerait pas : « En Syrie on t'appelle Rododaphné , pourquoi ? Je devrais rougir de le dire.

<u>64</u> . Voici la phrase précédente, « qui éclairera mieux le sens de Galien : Boire de la sueur, de l'urine ou des règles est une pratique abominable et détestable ; les excréments humains le sont encore plus, malgré ce que Xénocrate a écrit sur leur action bénéfique lorsqu'ils sont appliqués à la place d'une pommade sur la bouche ou la gorge, ou lorsqu'ils sont avalés. Il a également parlé de l'absorption du cérumen par la bouche. Moi-même, je ne pouvais pas me résoudre à en manger, même si c'était pour guérir immédiatement de ma

maladie. De toutes les choses abominables, la plus abominable, je pense, sont les excréments humains.

65 . Tacite, *Annales* , XI., 26.

66 . Nous reproduirons ici le curieux passage de Jean Burchard, à qui l'on doit cette histoire. Il est tiré de son *Diarium* , édité par Leibnitz, en 1696, p. 77 :

> « Le dernier dimanche d'octobre, le duc de Valentinois avait invité à souper dans sa chambre » (la chambre d'Alexandre VI), « au palais apostolique, cinquante belles prostituées, appelées courtisanes, qui, après le souper, dansaient avec les valets et autres personnes présentes, d'abord habillées, puis nues. Ensuite, on plaça la table, on plaça des lustres à terre çà et là, avec des bougies allumées, et on jeta des châtaignes, que les courtisanes ramassèrent en se déplaçant à quatre pattes, toutes nues parmi les lustres, le pape, le duc et sa sœur Lucrèce. être présent et regarder. Enfin des cadeaux furent apportés : des manteaux de soie, des paires de chaussures, des coiffures et autres objets, à donner à celles qui avaient copulé avec le plus grand nombre de ces courtisanes : on en jouissait publiquement dans la chambre, les spectateurs agissant comme arbitres et attribuant les prix aux vainqueurs.

67 . Nola était une ville sur le territoire des Campaniens. C'est pour cette raison que la *maladie campanienne* , mentionnée par Horace (*Sat. I.* , V., 62), a été liée à la débauche, mais sans raison suffisante.

68 . Varro, est son *Marcipor* , selon Nonius : « Il introduisit ensuite dans son œsophage la verge virile : il offense la bouche de Volumnus . »

69 . Martial, III., 75 :

> "Vous vous donnez pour mission de corrompre des lèvres pures contre de l'or."

Et encore II., 28 :

> "Même la bouche chaude de Vetustilla ne te procure pas plus de plaisir."

70 . « L'aventure de Mallonia , qui, débauchée par lui, refusa de se soumettre de nouveau à lui, montre combien il était habitué à attaquer la tête des femmes les plus illustres . Il la fit accuser par ses informateurs, et ne cessait de lui demander, pendant son procès, si elle avait quelque chose à se reprocher. Sans attendre le verdict, elle courut chez elle et se transperça avec un poignard, reprochant haut et fort à cet immonde cabot poilu d'avoir voulu abuser de sa bouche. (Suétone, *Tibère* , ch. 45).

_71_. Il était si heureux d'avoir conquis la Gaule transalpine qu'il ne put s'empêcher d'annoncer quelques jours après au Sénat qu'il était parvenu à l'exaucement de ses vœux, malgré la haine et la méchanceté de ses ennemis, et qu'il les défiait à leurs désirs. affronter. Quelqu'un lui ayant dit offensamment que cela ne pouvait pas se faire si facilement avec une femme, il répondit en plaisantant que Sémiramis avait conquis un royaume et que les Amazones avaient occupé une grande partie de l'Asie (Suétone, _César_, ch. 22). César employait l'expression : « défier en face » dans le sens honnête, tandis que son adversaire l'investissait d'une signification obscène, en allusion à ses actes infâmes en Bithynie.

_72_. Je parle de ceux dont l'abominable lascivité et l'exécrable luxure n'épargnent même pas la tête. (Lactance , _Instit_ . _Div_. VI., 23.) De même Juvénal, VI., v. 299, 300 :

> « Car qu'importe la Vénus ivre ? Elle ne connaît pas la différence entre l'aine et la tête.

_73_. Martial, II., 72 :

> « On dit, Posthumus , qu'ils vous ont fait hier soir, au souper, ce que je ne leur aurais pas permis de faire ; qui pourrait approuver de tels actes ? Ils t'ont fendu la bouche ! ...”

Puis, jouant sur les mots rumeur et irrumation, il ajoute :

> "... Comme l'auteur de ce crime, la rumeur de la ville désigne Caecilius ."

Et encore III., 73, _ibid._ :

> " La rumeur nie que vous soyez un Cinede . "

III., 80 :

> " La rumeur dit que vous avez une mauvaise langue. "

Et III., 87 :

> « La rumeur dit, Chioné , que ta vulve est intacte, que rien n'est plus pur qu'elle. Pourtant vous vous baignez sans couvrir ce qui doit être couvert ; si tu as honte, mets ton caleçon sur ton visage.

Percidere employé seul signifie pédiquer . _Martial_ IV., 48 ; VII., 61 ; IX., 48; XI., 29 ; XII., 35 ; et _Priapée_ , XII., XIV. Certaines copies ont _praecidere_ pour _percidere_ , mais cela semble être une lecture intenable.

_74_. _Martial_ , XI., 47 :

> « Pourquoi pestez-vous en vain les malheureuses vulves et postérieurs ; ne gagnez que les hauteurs, car là tout membre âgé ressuscite.

Priapée LXXV.:

> « Au milieu des garçons et des filles voyage le membre ; quand il rencontre des mentons barbus, alors il aspire aux hauteurs.

75 . *Priapée* XXVII.:

> « Une amulette d'un pied de long vous soignera ; si cela ne vous guérit pas, je vais plus haut.

76 . Plaute, dans l' *Amphytrion* , I sc. 1, 192 :

> "Je vais comprimer aujourd'hui la méchante langue."

Les Latins employaient le verbe « comprimer » pour *irrumer* , comme s'il s'agissait d'une forme de fornication ; et de la même manière "fendu", comme s'il s'agissait d'une forme de pédication .

77 . Plutarque : « On raconte que la nuit précédant le passage du Rubicon, César fit un rêve effrayant ; il a rêvé qu'il se livrait à des relations sexuelles abominables avec sa mère. (*Vies* , *Jules César* , XXXII.) L'interprétation d'Hésychius se réfère à ceci : — accomplir des actes abominables.

78 . Suétone : « Une photo de Parrhasius , représentant Atalante en train de prêter complaisamment sa bouche à Méléagre, lui fut léguée avec l'alternative qu'il pourrait avoir un million de sesterces à la place, si le sujet l'offensait. Non seulement il préférait le tableau, mais il le fit accrocher solennellement dans sa chambre. (*Tibère* , ch. 44.)

79 . Horace, *Épode* VIII., 17-20 :

> « Le membre des incultes est-il moins rigide ? ne dure-t-il pas, comme ceux des lettrés ? Pour qu'il se détache superbement de l'aine, il suffit de le travailler avec la bouche.

80 . Martial, II., 62 :

> « À peine un duvet douteux recouvrait-il votre joue que votre langue léchait déjà la partie médiane des hommes. » Le même III., 81 :

> « Baeticus , toi, Gaulois, qu'as-tu à voir avec la fosse aux femmes ? ta langue devrait lécher le milieu des hommes.

Ausonius, *Épigre* . CXX :

> « Lorsque Castor désirait en vain lécher le ventre des hommes, mais ne pouvait emmener personne chez lui, il trouvait le moyen de ne pas perdre tout plaisir de cette sorte, fellateur qu'il était ; il a commencé à lécher les organes de sa propre femme. Autrement dit de fellateur *Castor* est devenu *cunnilingue* .

<u>81</u> . Martial, III., 88 :

> « Ce sont des frères jumeaux, mais ils sucent des tétines différentes : dites-moi, sont-ils plus différents ou plus semblables ?

L'un était *fellateur* , l'autre *cunnilingue* .

Encore, VII., 54 :

> "Tu ne suceras pas le mien, qui est honnête et petit, mais un membre échappé de l'incendie de la ville de Solyma et condamné au tribut."

Je ne sais d'où Scioppius (*Priap* . X) dit que Martial était bien meublé ; ce dernier avoue dans ce passage que sa mentule était assez petite. Pour insulter Chrestus , il lui ordonne de lécher, non pas la sienne, mais la mentula d'un esclave juif. Il a déjà mentionné cet esclave juif dans *l'Épigr* . 34 du même livre :

« Mon esclave porte un lourd colis juif sans peau pour le recouvrir. » Cela veut dire que son membre est circoncis , la glande étant découverte, sans prépuce, en un mot « recutitus ». Donc, je pense, il faut comprendre le *recutitorum inguinale virorum* de Martial, VII., 29 : il veut dire « les parties viriles des hommes circoncis », dont la peau des glandes est tirée en arrière. *Recutitus* signifie *recinctus* , *regelatus* , *reseratus* . Beaucoup d'autres mots, *par exemple* revincire , admettent également deux sens, et donc aucun doute ne devrait surgir sur l'expression de Martial : *recutita colla mulae* (IX., 58), qui désigne les mules ayant une nouvelle peau recouvrant leur cou. Je diffère de ceux qui pensent qu'on appelait ceux dont le *prépuce* recommençait à croître ; un *recutitus* était pour les Romains un objet de mépris. Pétrone : « Il a deux défauts, sinon il serait comme tout autre homme *recutitus est et sertit* . Il est circoncis et ronfle » (*Satyre* , ch. 28). Il est impossible de supposer que le *gland* aurait pu être trouvé plus dégoûtant couvert par un nouveau prépuce que sans aucun prépuce.

<u>82</u> . Un homme qu'on irrume ne peut pas parler, sa bouche étant obstruée par la mentula, donc : il se tait. Martial, III., 96 dit à Gargilius , un *cunnilingue* , en le menaçant de la troisième punition, s'il le surprenait en flagrant délit :

> "Si je t'attrape, Gargilius , je te ferai taire."

Les hommes mariés avaient l'habitude de pédiquer les adultes imberbes et d'irrumer les barbus. C'est pourquoi Martial met en garde Gallus (II., 47) d'éviter les séductions d'une célèbre dame libertine, car il courait le risque, s'il était pris par son mari en flagrant délit, d'être irrité par lui :

> « Tes fesses sur lesquelles tu compte ? Mais le mari n'est pas un pédéraste ; il n'aime que deux voies, soit par la bouche, soit par la vulve.

Et pour la même raison il consent à *se marier* Thélesina (II., 49) :

> « Pas de Thelesina pour moi en tant que femme ! Pourquoi ?— Elle
> se prostitue. Non! mais elle paie les jeunes garçons. Alors j'y consens.

Il y a ensuite une plainte pour avoir été trompée à l'égard de l'amant de Polla
, sa maîtresse (X., 40) :

> « On me répétait constamment que ma Polla entretenait des relations
> intimes avec un cinéaste inconnu . Eh bien, je les surprends, Lupus ;
> il n'était pas un cinéaste .

Au lieu d'un garçon qu'il aurait pédiqué , il trouve un galant calme et
expérimenté, peu susceptible d'expier son crime par les fesses. Martial aurait
pu cependant le punir plus cruellement en lui enfonçant dans le fondement,
soit un mulet (Juvénal, X., 317) :

« Il y a des adultères que le mulet transperce » ; ou un radis. "En Arménie,
pris en flagrant délit d'adultère, il s'est enfui avec un radis dans les
postérieurs." (Lucien, *De Morte Peregrini* ,—Œuvres , vol. VII., p. 425.) Catulle
XV., 18, 19 :

> vous introduiront des radis et des mulets."

Martial a aussi utilisé l'expression de *se taire* , dans le sens indiqué ci-dessus
mais, un peu plus obscurément, IX., 5 :

> « Si dans deux ouvertures tu peux travailler, Galla , et que tu peux faire
> plus du double du travail dans les deux, pourquoi, Eschyle, reçoit-elle
> un salaire décuplé ? Elle tombe, mais ce n'est sûrement pas une
> question de prix. Non! c'est parce qu'elle doit se taire !

Ce n'est pas son infamie que Galla vend si cher ; c'est l'inconvénient de devoir
se taire pendant le processus, ce qui, pour un bavard, « est une affaire très
sérieuse », comme le dit Martial, IV., 81. Livre XII., *Epigr* . 35, cité plus loin,
y fait également référence.

83 . C'est la même chose avec le mot *stuprum* . Festus : Les anciens
employaient le mot stuprum pour désigner la turpitude, comme cela apparaît
dans le Chant de Nélée .

> " Foëde stupéfier castigor cotidie . (Je suis ignoblement et
> honteusement battu chaque jour.)

Naevius : "Ils préféreraient mourir plutôt que de retourner chez leurs
concitoyens *cum stupro* ."

84 . La coquine prête d'abord sa vulve, puis ses fesses et enfin sa bouche.
Certains supposent que le Spatalé à la poitrine généreuse de Martial, II., 52
ans, était tout aussi prodigue :

« Dasius était habile à compter les baigneurs ; il a demandé à Spatalé ,
la poitrine généreuse, les honoraires de trois femmes, et elle a payé.

Mais je crois qu'ils font tort au bon Spatalé . Dasius , le baigneur, voulait seulement que Spatalé , dont les charmes étaient amples et plantureux, prenant autant de place que trois autres femmes, en paye trois.

La Phyllis de Martial, XII., 65 ans, se montra libérale en tous points :

"La belle Phyllis, qui, toute la nuit, s'était montrée très libérale à tous points de vue..."

Vous comprendrez alors ce que Martial entend par « ne rien refuser » (XI., 50) :

« Je ne te refuserai rien, Phyllis ; car tu ne me refuses rien.

Et de même, IV. 12 :

« Tu ne refuses personne, Thaïs. Si tu n'as aucune honte à cela, rougis au moins de ne rien refuser, Thaïs !

Et encore, XII., 72 :

« Il n'y a rien, Lygdus , que tu ne me refuses maintenant ; il fut un temps où vous ne niiez rien !

Et il dit tout de suite (XII., 81) :

"Qui ne refuse rien, Atticilla , c'est nul."

C'est en ce sens que Mallonia refusait d'être entièrement à la merci de Tibère ; elle l'avait déjà admis dans sa vulve et dans son anus, mais lorsqu'il s'agissait de la bouche, la pauvre fille ne parvenait pas à surmonter son dégoût. Nous avons déjà cité le passage de Suétone. D'une femme qui ne refuse rien, Arnobe (II., 42) dit : « Qu'elle est prête à tout subir », et d'une femme ivre, « au point de ne pouvoir rien refuser ». Ovide dit (*L'Art de l'Amour* , III., v. 766) :

"Elle est apte à subir toutes sortes d'agressions."

<u>85</u> . Martial, II., 15 :

« Vous n'offrez votre coupe à personne ; c'est de la discrétion, interdit Hermus , pas de l'orgueil.

Et VI., 44 :

"Personne, Calliodorus ne peut boire dans ta coupe."

Sénèque : Lorsque Caïus César accepta des sommes d'argent pour les dépenses des jeux de la part d'amis qui les lui apportaient, il refusa de prendre une somme importante à Fabius Persicus . Ses amis, ne regardant pas le caractère de l'expéditeur, mais la valeur de la somme envoyée, lui reprochèrent d'avoir refusé. "Quoi!" dit-il, dois-je accepter le service d'un homme à la coupe duquel je refuserais de boire ? (*De Beneficiis* , II., 21.) Fabius Persicus était un *fellateur* et non un *cunnilingue* ; cela ressort clairement de la controverse dans laquelle Sénèque s'est engagé à son sujet, à savoir : que devrait faire un prisonnier qu'un homme a promis de racheter, au prix de se prostituer son corps et de sa bouche souillée.

<u>86</u> . Martial, XII., 75 :

> « Ce n'est pas peu de chose, Flaccus, si vous buvez avec eux ; et ensuite ils doivent briser la coupe qu'ils ont touchée.

Et Macédonius dans les *Analecta* de Brunck , III., 116 :

> « J'ai bu hier avec moi une femme dont la renommée n'est pas bonne ; allez casser les coupes, mes enfants !

<u>87</u> . Martial, XI., 96 :

> "Chaque fois que tu rencontres les baisers *d'un fellateur* , j'imagine, ô Flaccus , comment tu plonges la tête dans l'eau."

Et moi, 95 :

> « Tu chantais mais mal, Agelé , quand tu étais aimé *par vulvam* . Maintenant, personne ne t'embrasse et tu chantes bien.

Et moi, 84 :

> « Votre chien de compagnie, Manneia , vous lèche la bouche et les lèvres. Je ne suis pas du tout surpris ; les chiens aiment la saleté.

Sénèque : « Et remarquez ! il a fait prêtre Fabius Persicus , dont les baisers sont évités même par ceux qui n'ont aucune pudeur, l'autre jour seulement. (*De Beneficiis* , IV., 30.)

<u>88</u> . Il ressort de Martial *Épigramme* (XI., 99), que le baiser sur la bouche était chose courante chez les Romains ; *les fellateurs ne pouvaient* donc pas s'étonner que leurs baisers soient évités. Le poète de Bilbilis se moque encore d'eux (II., 42) :

> « Zoilus , pourquoi gâcher le bain en y baignant tes fesses ? Si vous voulez le rendre encore plus sale, plongez-y la tête.

Et VI., 81 :

> « Tu te baignes, Charidemus , comme si tu avais une rancune contre l'humanité, en plongeant entièrement dans le bain tes parties intimes. Je n'aimerais pas que tu te laves ainsi la tête, Charidemus ; et

maintenant regarde ! tu te laves la tête. Je préférerais que ce soient vos parties intimes ! »

<u>89</u> . Dans le dernier vers, il y a deux piqûres furtives ; le premier concerne le fait de ne pas dire (*tacet* ,— se tait), expression qui était utilisée pour désigner un *fellateur* ; le second est le mot « dire » (*narrer*), l' usage honorable de la bouche étant mis à la place de celui déshonorant , comme dans l'Épître III., 84 :

« Que raconte (*narre*) votre prostituée. — Non ! Je ne parle pas de ta copine, Tongilion ! — Et alors ? — Ta langue !

<u>90</u> . Vous trouverez chez Macrobe (*Saturnales* , II., 4), pourquoi on l'appelait saluer. Auguste revint vainqueur d'Actium ; parmi ceux qui venaient le féliciter se trouvait un homme tenant un corbeau, à qui il avait appris à crier : « Je te salue, César Victor et Empereur ! César, admiratif de cet oiseau flatteur, l'acheta pour 20 000 sesterces.

MANUEL D'ÉROTOLOGIE CLASSIQUE

DEUXIÈME VOLUME

CHAPITRE IV

DE MASTURBATION

Exciter le membre par friction avec la main jusqu'à ce que le sperme en jaillisse, c'est ce que les Anciens appellent masturbation, de *masturbare* , c'est-à-dire *manu. stuprare* ,— polluer avec la main. Cela peut être fait de sa propre main ou en empruntant celle de quelqu'un d'autre. Si l'on est seul, c'est généralement la main gauche qui est employée, d'où l'expression « putain de la main gauche » dans Martial, IX., 42 :

> « Tu n'entres jamais, Pontique , chez une femme, mais tu utilises ta putain de gauche, faisant de ta main la maîtresse pour ton plaisir ; tu penses que ce n'est rien ? Croyez-moi, c'est un crime, oui ! un crime, et pire que vous ne pouvez l'imaginer. Le vieil Horatius s'accouple au moins une fois pour engendrer ses trois fils ; Mars une fois pour avoir la chaste Ilia avec des jumeaux. Ni l'un ni l'autre n'auraient pu le faire, si par la masturbation ils s'étaient procuré, par l'usage de leurs propres mains, des plaisirs si honteux. Croyez-moi, la voix de la nature le confirme : ce qui s'échappe entre vos doigts, Ponticus , c'est un être humain.

Au même sujet aussi *Epigr*. , XI., 74 fait référence à :

> « Souvent, Lygdé , tu jures que tu exauceras ma prière, même en fixant le lieu, même en fixant l'heure. Longtemps je suis resté consumé par le désir, jusqu'à ce que souvent ma main gauche vienne vous aider à votre place.

Et ce passage du VIème . livre de Ramusius , p. 62 de l'édition parisienne :

> « Que vas-tu faire ? Votre main gauche est-elle saine et sauve ? Eh bien, utilisez-le, alors vous ne voudrez plus d'une pute. Pourquoi payer pour ce que votre main gauche vous donne gratuitement ?

Il y avait bien sûr aussi des gens qui utilisaient leur main droite ; le même Ramusius de Rimini, livre IV., p. 61, nous dit :

> « Je souffre, cher Donatus, d'une érection si effrayante, que j'ai peur pour mon membre, si vous ne m'aidez pas. Ma main droite, étant blessée, ne peut rien ; Je n'ai pas d'argent; Hylas n'est pas là ; aucune vulve ne s'ouvre pour moi - aucune chance de fornication, apaisez mon désir, afin que je puisse vivre, et vous pouvez le faire à moindre coût.

Pacificus Maximus, *Élégie* XII., p. 126, édition parisienne :

« Que dois-je faire ? Je suis tellement raide, j'éclate et je pourrais facilement remplir trois ou quatre grandes bouteilles. Il y a longtemps que mon membre n'a pas connu une vulve, il y a longtemps qu'il n'a pas remué les entrailles d'un homme. Il est raide jour et nuit et ne se détendra jamais ; nuit et jour il lève la tête. Aucun jeune, aucune fille n'écoutera ma prière, aucune aide – c'est alors ma main droite qui doit faire le service !

Nous avons vu juste plus haut avec quelle sévérité Martial reprochait à Ponticus , masturbateur, de perdre entre ses doigts la substance d'un homme. Néanmoins ce fin moraliste n'hésita pas à mettre sa main à un usage semblable sous la pression de l'érection, *Epigr*. 43, livre II. :

"Un autre Ganymède, ma main m'a aidé."

et XI., 74 :

« Souvent, ma main gauche vient à mon secours à ta place. »

Sa sévérité n'était pas non plus portée à pleurnicher lorsqu'il exhortait (XI., 59), le cinède Télésphore :

« Dès que vous voyez que j'en ai besoin et que vous savez que je suis en érection, Télesphore , alors vous exigez un prix élevé, puis-je dire non ? [91] Si je ne jure pas de vous payer, vous me retirerez vos postérieurs qui me sont si précieux. Si, le rasoir mis sur ma gorge, mon barbier, en me rasant, réclame ma liberté et ma fortune, je le promets ; ce n'est pas le barbier qui demande, mais un coupe-gorge, et la peur m'oblige à dire « oui ». Mais une fois que je vois le rasoir remis dans son étui incurvé et inoffensif, eh bien ! Je briserai chaque membre de cet homme. Non pas que je vais te faire du mal, mais ma main gauche une fois lavée, mon membre dira « Va pendre ! à votre avarice avide. [92]

De même lorsque sa femme le surprit fiancé à une jeune fille (XI., 44), épigramme spirituelle citée plus haut, comme aussi lorsqu'il envisageait d'épouser Thelesina (II., 49) :

« Thelesina fait des cadeaux aux jeunes garçons ; Tout le meilleur."

De même lorsqu'il recommande à quelqu'un, je ne sais qui (XI., 23), de se servir des postérieurs de Galésius seulement, comme de la partie qui lui conviendrait ;

« Les jeunes sont divisés par nature ; une partie est réservée aux filles et l'autre aux hommes : utilisez votre propre part.

Ce que le pédicon perd dans l'anus du cinéaste est-il autre chose que la substance d'un homme, que le masturbateur gaspille entre ses doigts ?

Comme il est dans la nature du membre viril de se soulever à la simple vue du corps nu d'une jolie femme, le désir amoureux, dans cet état, a souvent besoin impérieusement de soulagement, car « l'homme en érection n'est pas trop sage ». [93] C'est pourquoi, quand les lourdes couvertures de la belle ont été rejetées :

> « Pendant ce temps, l'adultère qu'elle a envoyé chercher se cache furtivement et impatient du retard, mais ne dit jamais un mot, mais tire son prépuce. » [94] —Juvénal, VI., 236, 7. et pourquoi :

> « Les esclaves phrygiens se masturbaient derrière les portes, chaque fois que son épouse montait sur le cheval hectorien . » — Martial, XI., 105.

C'est pourquoi, lors des danses des jeunes filles gaditaniennes , qui ressemblaient sans doute beaucoup aux danses encore si appréciées des Espagnols [95], les appendices mous des spectateurs même aux cheveux gris se mettent à bouger visiblement, comme le disent de nombreux auteurs. dites-nous. Martial, VI., 71 :

> "Adroite dans les gestes insensés qui accompagnent les castagnettes béticiennes , habile à danser sur les mesures gaditaniennes , elle pourrait bien raidir le tremblant Pélias et exciter le mari d'Hécube à imiter le vigoureux Hector."

Juvénal, XI., 162-165 :

> « Peut-être pourriez-vous attendre que la danseuse gaditanienne commence à ressentir le stimulus dévergondé des accents bruyants de son orchestre qui l'accompagne, et que les filles, enflammées par les applaudissements, tombent à terre avec les fesses tremblantes, – un spectacle à piquer les sens languissants à aimer. » [96]

Mais ce n'est pas seulement par la vue d'une belle femelle nue que le membre est excité ; qui ne sait qu'il est aussi réveillé par de simples images évoquées par l'imagination, surtout la nuit. Et le pouvoir de telles fantaisies est tel qu'il provoque une agréable éjaculation de sperme. Priape lui-même en a fait l'expérience. *Priapée* XLVIII :

> « Vous voyez, cet organe, après lequel je porte mon nom de Priape, est mouillé ; cette humidité n'est pas de la rosée, ni encore du givre. C'est le résultat de sa propre douce volonté, en évoquant les souvenirs d'une servante complaisante.

On dit que Diogène, le cynique, était un masturbateur ; Une fois surpris en train de manipuler sa mentula, il dit : « Je voudrais au ciel que je puisse de la même manière satisfaire mon estomac par la friction lorsqu'il aboie pour se nourrir. » [97]

Lorsque la masturbation se fait par le prêt de la main d'une autre personne, il est possible que le plaisir soit participé de la part de l'agent.

Cela fait partie du métier d'une courtisane d'être habile avec ses doigts ; un membre languissant peut, grâce à leur utilisation, être revigoré. L'inertie du membre viril peut être causée par les inconvénients de l'âge, et cela soit de la part de la femme, comme dans Martial, VI., 23 :

> « Tu as besoin que mon pénis, Lesbia , soit toujours en érection pour toi ; croyez-moi, le membre d'un homme n'est pas comme un doigt. Il est vrai que vous vous efforcez de m'exciter avec vos mains et vos paroles tendres, mais votre visage est un fait têtu qui contrecarre tous vos efforts.

et encore du même auteur, XI., 30 :

> "Quand tu confieras à ta vieille main la tâche de réveiller mon membre, ton pouce, ma Phyllis, ne fera que m'étrangler."

ou de l'homme, Martial, XI., 47 :

> « Ce n'est que dans les rêves que tu te raidis [98], Maevius , et que ta verge commence à faire couler de l'eau jusqu'à tes propres pieds ; en vain vos doigts fatigués manient votre membre ridé ; réveillez-le tant que vous le pouvez, il ne relèvera pas sa tête baissée. [99]

Aristophane dans les *Guêpes* , 735-38 :

> "Oui, je vais le soigner et lui procurer tout ce qu'il faut à un vieillard : un bouillon de bœuf à roder, de la laine douce et un tapis pour le tenir chaud, et une courtisane pour lui frotter le membre et les reins..."

Le même auteur, *ibid.* , v. 1334, 35 :

> "... Le câble est pourri, mais il aime toujours être frotté."

Il n'est pas non plus malvenu aux hommes vigoureux et propres à caresser les jeunes filles d'avoir des maîtresses dont les mains ne sont pas paresseuses au lit, et dont les doigts savent agir dans les régions obscures où se cache la flèche de l'amour. . Martial, XI., 105 ans, se plaint de la gravité inconvenante de sa femme, qui lui interdisait de lui rendre ce service :

> "Tu ne m'aideras ni par le mouvement ni par la parole, ni même avec tes doigts, comme si tu préparais l'encens et le vin pour le sacrifice." [100]

Pénélope , en revanche, a bien contenté Ulysse de cette façon, comme le dit Martial dans la même épigramme :

« Si chaste qu'elle fût, lorsque le roi d'Ithaque ronflait, Pénélope aimait avoir toujours la main dessus. »

La maîtresse d'Ovide lui rendit le même service, mais en vain une nuit misérable, où une divinité hostile semblait avoir frappé à mort la partie la plus pitoyable de lui, selon son expression, et la jeune fille, pour que les serviteurs ne puissent pas pense qu'elle était restée intacte, feignait quand même de faire ses ablutions (*Amores* , III., viii., 73, 74) :

"Ma chérie n'a même pas dédaigné d'y mettre la main et d'essayer doucement de le réveiller."

Cette vertu des doigts pour provoquer l'érection est évoquée par Juvénal, VI., 195, 96 :

«... Comme une voix douce et libertine érigera bien votre membre ; c'est aussi bon que les doigts !

L'auteur de la *Priapée* en était également bien conscient ; LXXX. :

"Mon membre n'est pas très long ni très épais, touche-le, et tu le verras grandir rapidement."

Ainsi en était-il de Janus Dousa , cité par Scioppius à propos de cette même *Priapée* , flairant habilement le caractère de l'homme :

" Dousa , commentant Petronius, nous informe qu'il sait *par expérience personnelle* comment cet objet grandit en épaisseur et en longueur lorsqu'il est lavé par une femme."

On peut évaluer l'importance de cette fonction par la valeur accordée par les Anciens, comme de nos jours par les Turcs, aux shampoingeurs, hommes et femmes, qui sont employés à manipuler les articulations avec une adresse artistique, leurs doigts les pressant et les tournant doucement, et leurs mains gardées douces par l'usage constant de gants, pétrissant tendrement tous les membres. Sénèque, *Lettre* LXVI. :

« Est-ce que je préfère offrir mes membres pour le shampoing à mes serviteurs retraités ? ou à quelque petite femme, ou à quelque homme faible, plus femme qu'homme, pour me dessiner et me casser les doigts ? Ne devrais-je pas plutôt envier Mucius , qui a mis sa main dans le feu avec la même sérénité que s'il la tendait à un shampouineur.

Martial, III., 82 :

« Une femme lave tout votre corps avec une habileté agile ; sa main entraînée manipule *tous* vos membres. [101]

Jean de Salisbury déclare dans son *Policraticus* , livre III., ch. 13, d'après un auteur ancien, peut-être Clearchus, comme le pense Lipsius :

« Lorsqu'un riche libertin tourne dans ses manières luxueuses à l'effémination, un jeune aux cheveux crépus prend avant tout le monde ses pieds pendant qu'il est allongé sur son canapé, et les shampoing ainsi que ses jambes, pour ne pas aller plus loin, avec ses mains délicates. Cette jeunesse porte toujours des gants, afin de les conserver blancs et doux au profit des riches. Puis, usant plus licencieusement de ses mains, il les passe sur tout le corps avec des attouchements et des chatouilles effrontés , soulevant les désirs et attisant les flammes amoureuses de son employeur.

Je peux très bien décrire ici, car je ne pourrais trouver de meilleur endroit, un spectacle pour lequel on demande la main amicale d'une femme, mais d'une femme experte, qui pressera doucement vos testicules et caressera vos cuisses ; on dit que rien n'est plus agréable ni plus voluptueux. Aloysie Sigaea décrit, avec son ingéniosité inépuisable, une telle scène, exécutée par Ottavia et Roberto, avec le concours de Manilia ; la plénitude, la variété et la richesse de la description, placée dans la bouche de l'Ottavia , sont admirables :

« Manilia nous conduisit ensuite au lieu du rendez-vous ; elle m'a déshabillé et m'a placé nu sur le canapé. Roberto sauta sur le canapé. « Maintenant, dit-il, je vais jouir du bonheur le plus suprême et le plus absolu. Porté sur ton char, Olympie, je me dirigerai par cette voie obscure (il me pinçait le pubis), je me dirigerai vers la gloire. Ses mains parcouraient mon ventre, mes cuisses, examinant tout. Son membre était enflé. "Permettez-moi, ma Vénus!" dit-il en m'embrassant. "Volontiers," répondis-je, "vous m'aurez comme vous voudrez." Manilia intervint : « Pourquoi tant de bavardages ! Ne parlez pas mais agissez ! Je vous assisterai tous les deux et ajouterai de nouveaux délices à vos sensations voluptueuses. Tu es en excellente forme, Roberto ! Venez avec vous sur le sein enneigé d'Ottavia et rassasiez-vous ! Roberto se précipite sur moi et son moteur heurte mon ventre. La main douce de Manilia intercepte l'outil égaré. « Viens, dit-elle, vagabond, entre dans la belle prison et accomplis la tâche que ta maîtresse t'a confiée. De l'autre main, elle repousse le dos du jeune homme et je le prends entièrement dedans. Manilia me dit de ne pas bouger. "Lève ta cuisse gauche, Ottavia ", dit-elle, "et étends l'autre." J'obéis. « Toi, Roberto, tu pousses maintenant doucement et vite ; Quant à toi, Ottavia , embrasse-le mais sans bouger ! Nous le faisons. Elle a ajouté : "Quand vous sentez tous les deux la mousse bouillante déborder, vous, Ottavia , poussez un soupir, et vous, Roberto, mordez doucement les lèvres d'Ottavia !" Il commence alors à pousser vigoureusement, mais sans hâte ni violence, dedans et dehors ; Je le serre contre moi, l'embrasse mais ne bouge pas. Je le sens venir. Je soupire : « Maintenant ! maintenant, Roberto ! s'écrie Manilia , au secours Ottavia ! Travailler loin!" Il me secoue et me frappe. Bientôt, je sens une légère morsure dans mon cou. Je pousse un soupir. « Et maintenant, Ottavia , s'écrie Manilia , tu aides Roberto ; bougez vivement vos fesses, relevez vos reins, vite ! rapide! Bravo, mon enfant ! Laïs elle-même, je pense, n'aurait pas pu faire preuve de plus de flexibilité ni d'agilité ! La douce jeunesse commence à éjaculer, et je sens mon intérieur inondé par la source ardente de l'amour. J'ai bougé corps et âme. Je ne suis jamais arrivé plus vite au summum de la volupté. Manilia caressait d'une main mes fesses et de l'autre celles de Roberto ; en même temps elle pressait de la pointe de ses doigts les lèvres de ma vulve et ses testicules, qui étaient rapprochées. Le jeune s'est évanoui, et notre infirmière s'est retirée et a applaudi en applaudissant ! » (Dialogue VII.)

Planches IV. et XII., dans les *Monuments de la vie privée des douze Césars* , vous montrent Cléopâtre titillant d'une main délicate les parties viriles de Jules César et de Marc Antoine, tandis que dans les *Monuments du culte secret des dames romaines* ; la planche XVI représente Livie accordant les mêmes caresses à Auguste ; planche V., une Bacchante le faisant à un Faune ; planche IV., un masturbateur—expressément appelé ainsi. Dans la planche XLIV. des *Monuments de la vie privée des douze Césars* , encore une fois, est l'image d'une jeune fille aidant Tibère de sa main bienveillante à pédifier Othon.

encore parfois que des hommes obscènes prenaient plaisir à manipuler les parties génitales d'autres hommes. Martial ne connut rien de plus infâme (XI., 23) :

« Que tes lèvres grossières reçoivent les baisers délicats de Galésus au teint clair, que tu couches avec ton Ganymède nu, n'est-ce pas encore suffisant ? Ça devrait l'être ! Cessez en tout cas de toucher les parties intimes avec une main provocatrice. Cela fait plus de mal aux garçons en âge de tendresse que le député. Les doigts hâtent la virilité et en font prématurément des hommes. D'où l' odeur de chèvre , les poils qui tombent rapidement et la barbe qui font émerveiller la mère, alors qu'elles n'aiment plus se baigner en plein jour. La nature a divisé les garçons ; une partie est réservée aux filles, l'autre aux hommes. Tenez-vous en à la part qui vous appartient.

Martial veut dire que le membre était donné aux garçons dans le but de s'en servir avec les filles, tandis que leurs fesses étaient au service des hommes, et que ce pédicon devait donc se servir des fesses de Galesus plutôt que de jouer avec sa mentula. *L'Épigramme* XI, 71 ans, dirigée contre Tucca , qui voulait vendre des jeunes garçons, est également d'une importance similaire :

> « Oh, dommage ! voilà l'aine avec la tunique toute ouverte, et un membre paraît façonné et dressé par votre main.

Il dit que c'est un crime de mettre en vente ces jeunes gens que l'infâme Tucca a dressés à la débauche, et de laisser aux acheteurs voir leurs mentulas pleinement formées, habituées à se lever sous la main provocatrice du maître. Eumolpus soumet de la même manière le bord d' Encolpus au frottement, Pétrone, ch. 140 :

> «Après ces paroles» (Encolpus parlant) «J'ai soulevé ma tunique et je me suis exposé en toute vigueur à Eumolpus. Il recula d'abord comme frappé d'horreur ; mais, comme un homme qui s'attendait à pire, il saisit à deux mains le don de Dieu, à savoir : le point en érection.

Il me reste encore à traiter, pour achever ma tâche, d'autres plaisirs appartenant à cette catégorie, c'est-à-dire ceux qui peuvent être pris dans n'importe quel interstice du corps. Quelques mots suffiront. Prenant en premier lieu les seins, j'ai recours à Aloysia Sigée :

> « Par les conques jumelles de Vénus ! (Dialogue VII., Ottavia parlant.) « J'ai honte. Je rougis à l'idée que la vallée entre mes seins a fait office d'avenue de Vénus. Vous savez qu'il y a dans notre maison une galerie donnant sur les parterres du jardin, qui sont pleins de fleurs de toutes sortes. Là, Caviceo et moi nous promenions ; il m'embrassa, m'embrassa, me mordit les lèvres... Il mit sa main gauche dans mon sein. «Je suis après avoir essayé un vilain tour», dit-il. « Déshabille-toi, ma chérie ! » Que devais-je faire ? Je me suis déshabillé. Ses yeux se posèrent sur ma poitrine nue. « Je vois, dit-il, Vénus qui dort entre tes seins. Puis-je la réveiller ! » Pendant qu'il parlait, il m'avait jeté sur le dos dans le lit, et étant dans un noble état d'érection, glissait son membre chaud et brûlant entre mes seins. Comment pourrais-je échapper à sa passion aveugle. Je n'avais pas d'autre choix que de le supporter. Ses mains pressèrent doucement mes seins l'un contre l'autre, de manière à rétrécir l'espace dans lequel sa mentula devait voyager vers une nouvelle expérience. Pourquoi faire une longue histoire ? Stupéfait comme je l'étais de cette vaine imitation ridicule de l'Amour, il m'inonda d'une libation brûlante : il avait sa volonté.

Quant aux autres interstices du corps, *par exemple* les aisselles, entre les cuisses, les mollets, les fesses (attention, je ne dis pas l'anus, mais entre les fesses), qu'il suffise de citer Héliogabale ; Lampridius , ch. 5 :

> « Comment supporter un prince qui cherchait le plaisir dans toutes les cavités de son corps, quand on ne permettrait pas à une bête brute d'en faire autant ?

Aussi Commode, selon le même Lampridius , ch. 5 :

> « Il s'est livré aux agressions infâmes des jeunes hommes, polluant toutes les parties de son corps, jusqu'à sa bouche, et cela avec les deux sexes », c'est-à- *dire* qu'il était à la fois *fellateur* et *cunnilinguiste* .

Faut-il parler ici de la débauche de ceux qui s'attaquent aux cadavres de femmes, ou aux statues ? Il ne s'agit pas d'un véritable coït, puisqu'il n'y a pas deux parties à l'acte. Néanmoins, selon Hérodote (II., 89), en Egypte un homme fut surpris en train d'abuser du cadavre d'une femme qui venait de mourir :

> « On raconte qu'un homme fut surpris en train de travailler sur le cadavre frais d'une femme, et dénoncé par un collègue. »

En conséquence, une loi fut promulguée, interdisant que les cadavres de femmes nobles et belles soient remis entre les mains de l'embaumeur jusqu'à trois ou quatre jours après leur décès. Et qui ne connaît l'histoire de la Vénus de Cnide , œuvre de Praxitèle, telle que la raconte Pline, *Historia Naturalis* , XXXVI., ch. 5 :

> « On raconte comment un certain jeune homme tomba amoureux d'elle, et s'étant caché une nuit dans le temple, cohabita avec la statue, laissant sur le marbre une tache comme marque de la satisfaction de sa passion. »

Il y a là une similitude avec l'erreur commise par un taureau qui, selon Valerius Maximum, VIII., ch. II., tomba amoureux d'une vache de bronze, et s'accoupla avec elle à Syracuse, trompé par la perfection de la ressemblance.

NOTES DE BAS DE PAGE - DE MASTURBATION

<u>91</u> . Martial avait utilisé la même phrase interrogative avec le verbe à l'infinitif et *puta* mis à la place de *scilicet* également dans l'Épigramme III., 26. *Hoc me puta velle négatif ?* (Puis-je dire non à cela ?) Les érudits ont trouvé l'occasion d'une pile d'annotations sur les deux passages : celles-ci ne doivent pas nous retenir.

<u>92</u> . La signification de Martial est : Ma main gauche consolera ma mentula souffrante ; l'affaire faite, ma main couverte de l'éjaculation du sperme, comme la toison du pubis de Ravola dans Juvénal, IX., 4, — si toutefois c'est la toison de son pubis qui est destinée :

> « Tandis que Ravola à la barbe mouillée frotte l'aine de Rhodopé »... on dira au cinédiste gourmand d'aller au diable, de s'éclipser la tête baissée, comme l'homme d'Horace (*Satires* II., 69), qui trouve :

> « Il ne lui reste plus qu'à pleurer. »

Cette main humide rappelle la femme adultère de Juvénal, XI., 186, qui :

> "Montrer des traces humides dans les plis douteux de sa tunique."

<u>93</u> . Suidas sous le mot *****, d'après Aelius Dionysius apparemment.

<u>94</u> . Ce n'est pas par volupté, mais par décence, que les juifs, qui avaient renoncé à leur nation, se firent redresser le prépuce sur la glande, car ils ne voulaient pas qu'on voie qu'ils étaient circoncis , alors ils prirent des moyens pour obtenir leur glande nue récupérée. « Et ils se firent de nouveaux prépuces » (*Macchabées* , I., 1., 15), « Y a-t-il quelqu'un qui ait été amené à croire, circoncis ? Qu'il ne recouvre pas sa glande » (*Corinthiens* , I., VII., 18). Celse , *De Medicina* , VII., ch. 25 : « Si la glande est nue et que l'on désire, par commodité , la récupérer, cela peut être effectué, mais plus facilement avec un enfant qu'avec un homme adulte, plus facilement avec l'homme né ainsi qu'avec l'homme. qui a été circoncis selon la coutume de certaines personnes. Après avoir expliqué la méthode de guérison applicable aux hommes, chez qui c'est un accident naturel, Celse continue : Chez les personnes circoncis , il faut détacher la peau derrière la couronne de la glande. Cette opération est peu douloureuse car le prépuce étant détaché, on peut le ramener avec la main jusqu'au pubis sans aucune perte de sang.

Ensuite, le tégument relâché est tiré une fois de plus au-delà de la glande. Ceci fait, la verge est fréquemment plongée dans de l'eau froide, puis recouverte d'un pansement qui a une forte tendance à minimiser l'inflammation. Dès qu'elle est complètement exempte d'inflammation, la verge est bandée depuis le pubis jusqu'à l'incision annulaire ; la peau est ensuite tirée sur la glande, mais maintenue séparée d'elle par un pansement. De cette façon, la partie inférieure de la peau repousse, tandis que la partie supérieure guérit sans adhérer. De ce passage, il semblerait qu'à l'époque de Celse la méthode de mise à nu de la glande qui prévalait ensuite chez les Juifs n'était pas encore découverte, par laquelle, selon Buxtorf (Dictionnaire Talmudique), une fois le prépuce sectionné, le circonciseur saisit la peau restante entre les bords fins des ongles de son pouce et la retire avec force. Si cette pratique avait été habituelle , il eût été superflu de séparer le prépuce avec le scalpel. J'en déduis que les Juifs étaient appelés *recutiti* à cause du retrait de cette peau de la glande, ce qui, n'étant pas fait, la circoncision n'était pas considérée comme complète ; mais Celsus me fait en douter.

95 . Jules César Scaliger, *Poétique* , livre I., p. 64 :

> « L'une de ces danses infâmes était le ****** signifiant frétiller les hanches et les cuisses, le *crissare* des Romains. En Espagne, cette pratique abominable est encore pratiquée en public.

96 . Ne manquez pas, lecteur, le motif de cette danse, les fesses frétillantes, les filles finalement tombées à terre, allongées sur le dos, prêtes pour le concours amoureux. Différente de celle-ci était la danse lacédémonienne * ** * ** où les jeunes filles, dans leurs bonds, touchaient leurs fesses avec leurs talons. Aristophane dans les *Lysistrata* , 82 :

> « Nue, je danse et je me frappe les fesses avec mes talons. » Pollux, IV., ch. 24 : « Quant au * ** * **, c'était une danse laconienne. Des prix étaient concourus, non seulement parmi les jeunes hommes, mais aussi parmi les jeunes filles ; l'essence de ces danses était de sauter et de toucher les fesses avec les talons. Les sauts étaient comptés et crédités aux danseurs. Ils sont passés à mille dans le ****** ! ! »

Plus difficile encore était cette sorte de danse qu'on appelait l'enfer, dans laquelle les pieds devaient toucher les épaules. Pollux, *ibid.* : "Les conneries étaient des danses pour les femmes : elles devaient jeter leurs pieds plus haut que leurs épaules."

Ce type de danse n'est pas inconnu des temps plus modernes. JC Scaliger, *Poétique* , livre I., p. 651 : « Aujourd'hui encore, les Espagnols touchent l'occiput et d'autres parties du corps avec leurs pieds. »

97 . Diogène Laërtius , VI., 2, 46 : « Un jour, alors qu'il se masturbait au milieu du marché, il dit : « Je souhaite au ciel de pouvoir empêcher mon estomac d'avoir faim en le frottant. » Plutarque, *De Stoicorum repugnantiis* , 1044, vol. II., de ses œuvres : « Chrysippe louait Diogène de se masturber en public et d'avoir dit aux passants : « Si au ciel, en me frottant le ventre de la même manière, je pourrais satisfaire ma faim. »

98 . Remarquez avec quelle minutie les Anciens scrutaient la nature ; avec quelle ingéniosité ils exprimaient tous leurs sentiments ! Qui ose aujourd'hui écrire un tel vers décrivant comme une chose naturelle ce qui pourrait n'être qu'un solécisme de sa mentula.

99 . Bassus, qui avait l'habitude de prendre ses plaisirs avec de jeunes serviteurs, aux cheveux longs et minces, mettait les mains de sa femme au travail pour exciter sa mentule, lorsqu'il revenait au lit conjugal fatigué et languissant. Martial, XII., 99 :

> « Tu te fatigues, ô Bassus, mais avec des serviteurs, en les payant sur la dot de ta femme ; ainsi, quand vous revenez à ses côtés, ce membre acheté au prix de plusieurs millions de sesterces, reste languissant. En vain son tendre pouce essaie de l'exciter, vains sont ses tendres paroles, il ne tiendra pas.

100 . Les femmes d'Aristophane (*Lysistrata* , v. 227) menaçaient leurs maris d'une rigidité de corps similaire :

> "Même si vous pouvez faire ce que vous voulez, je serai grincheux et je ne bougerai jamais."

101 . Il avait une main non moins expérimentée (Juvénal, VI., 422-23), ce shampoing rusé qui posait ses doigts sur le clitoris de la dame.

> "Et fit résonner la cuisse de sa maîtresse sous sa main très haute."

CHAPITRE V

CUNNILINGUES

Nous en avons maintenant assez dit sur le travail de Vénus accompli par le membre viril ; il nous reste à expliquer comment un sacrifice peut être offert à Vénus sans en avoir un. Cela peut se faire au moyen de la langue ou du clitoris. Il faut donc parler d'abord des cunnilingues, ceux qui lèchent les parties intimes des femmes, puis des tribades .

De même que c'est le rôle du *fellateur* ou *de la fellatrice* de sucer les parties viriles, de même c'est l'affaire des cunnilingues de lécher la femelle. Le cunnilingue opère en introduisant sa langue dans la vulve. Martial, XI., 62 ans, a décrit très clairement son acte monstrueux :

> « Manneius , mari avec sa langue, adultère avec sa bouche, plus immonde que la bouche des prostituées du Summoenium ; qui, le voyant nu, par une fenêtre, la sale entremetteuse ferma son bordel ; dont elle préférait embrasser le milieu plutôt que la tête. Celui qui autrefois connaissait tous les canaux de l'intérieur et pouvait déclarer d'une voix sûre et sûre s'il y avait un garçon ou une fille dans le ventre de la mère (soyez heureux, toutes les vulves, car votre part est faite), ne peut plus dresse sa langue forniqueuse. Pour voilà ! alors qu'il se cache la langue plongée dans la vulve gonflée et qu'il entend les bébés gémir dans leur mère, une maladie choquante paralyse sa bouche avide, et maintenant il ne peut plus être ni pur ni impur.

Zoilus fut frappé de la même paralysie de la langue ; Martial, XI., 86 :

> « Une étoile maléfique, Zoilus , a soudainement frappé ta langue, alors même que tu léchais une vulve. Bien sûr, Zoilus , tu dois maintenant utiliser ton membre.

Bæticus , le prêtre castré de Cybelé , contre lequel Martial a dirigé *Épigramme* III., 81, était un cunnilingue :

> « Qu'as-tu, Bæticus , prêtre de Cybelé , à voir avec la fosse féminine ? Votre langue devrait, de plein droit, lécher le milieu des hommes. Car pourquoi votre membre a-t-il été amputé avec un tesson de Samien, si les parties de la femme avaient pour vous tant de charme ? Vous devez avoir la *tête* castrée ; c'est vrai, tu es un Gallus castré dans tes parties secrètes, mais tu violes néanmoins les rites de Cybelé ; tu es un homme en ce qui concerne ta *bouche* .

Si ce passage était le moins douteux, *l'épigramme* 77 du même livre pourrait présenter des difficultés, pas autrement :

« Une maladie latente de l'estomac, je suppose. Pourquoi, je me
demande, Bæticus , es-tu un *mangeur d'ordures* ?

En fait , le *fellateur* aussi bien que le *cunnilingue* peuvent être appelés
mangeurs d'immondices, comme dans le passage de Galien cité
précédemment, où tous deux sont appelés *coprophages* (mangeurs de fumier).
Bæticus cependant n'a affaire qu'à la fosse féminine ; c'est un *cunnilingue* , pas
un *fellateur* . Au contraire, la langue obscène de Tongilion (III., 84) est celle
d'un *fellateur* , non d'un *cunnilingue* ; car la langue d'un *cunnilingue* joue le rôle
d'un amant, étant active ; tandis que celui du *fellateur* joue le rôle d'une
prostituée, en restant passif. Parfois, faute d'attention, les commentateurs les
plus érudits ont tort d'élucider ces passages ludiques. L'un des frères jumeaux,
qui chez notre ami de Bilbilis (le poète Martial) (III., 88), lèchent différentes
aines, était un *cunnilingue* . La voisine de Priape, « par la faute de qui le
malheureux Landacé jure qu'elle peut à peine marcher, tant elle est
hypertrophiée », est désignée en secret comme *cunnilingue* (*Priapeia* LXXVIII.)
; pourtant, malgré tout ce que Scioppius soutient, il n'était qu'un fornicateur
; mais pourquoi devrions-nous nous détourner du sens propre du mot à cause
de l'ouverture élargie ? Comme si la vulve ne pouvait pas être agrandie, ou
détendue par la langue du *cunnilingue* autant que par une cohabitation active !

Tibère César, dans sa retraite de Capri, ne semble pas avoir dédaigné la
volupté du *cunnilingue* . Foudroyé par toute autre sorte d'abomination, de quoi
d'autre l' empereur est- il accusé dans le chant atellanien , mentionné par
Suétone (*Tibère* , ch. 45), et qui fut tant applaudi :

> « Un vieux mâle léchant la vulve des chèvres », mais ça de *cunnilingue*
> ? Voulez-vous voir Tibère employé à son léchage ?

Planche XXII., dans *Monuments de la vie privée des douze Césars* , le représente.

Donc aussi Sextus Clodius , à qui Cicéron reproche fréquemment
l'impureté de sa bouche et l'obscénité de sa langue (*Pro Domo* , ch . 10 et 18
; *Pro Coelio* , ch. 32), nous paraît avoir été un *cunnilingue* . D'où ce tube de
Cicéron, dans son *Pro domo* , ch. 18 :

> "Mon bon Sextus , permets-moi de te dire que, comme tu es déjà
> un bon dialecticien, tu es aussi un bon lécheur."

Certes , s'il en était un, il devait lécher Clodia , la sœur de Publius Clodius
[102] , l'épouse de Metellus , la femme qui était intime avec tout le monde.
Cicéron, *Pro domo* , ch. 31 :

> "Demandez à Sextus Clodius , à ce sujet, citez-le ; il reste plutôt en
> retrait. Mais si vous le faites chercher, on le trouvera près de votre
> sœur (il s'adresse à Publius Clodius), tapi quelque part, la tête basse.

Faites attention, priez, à cette expression : « *la tête basse* », elle reviendra bientôt, quand nous parlerons des Grecs.

Les Grecs, en effet, n'éprouvaient aucune répugnance à l'égard du plaisir en question. *Épigrammes* LXXIV., LXXV. et LXXVI., dans les *Analecta* de Brunck , vol. III., p. 165, faites allusion à ceci :

LXXIV.

« Homer t'a appris à appeler la voix **** ; mais qui t'a appris à avoir la langue attachée (dans une fente) ?

Le poète inconnu joue sur l'ambiguïté du mot ****, qui est utilisé à propos de la langue dans un sens honnête, lorsqu'il dérive de ****, je parle, mais comme un usage vil lorsqu'il dérive de ***. , une fente.

LXXV.

"Évitez la bouche d'Alphée, il aime le sein d'Aréthuse, plongeant tête première dans la mer salée."

Dans cette épigramme aussi, le poète exploite l'ambiguïté des mots bouche, sein (baie), tête première, mer salée, qui peuvent faire référence au fleuve Alphée en Arcadie et à Aréthuse, une source près de Syracuse, mais aussi à l'embouchure. d'un *cunnilingue* , qui va et plonge dans la vulve d'une femme ; sans parler d'une autre idée qui s'y rattache, sur laquelle nous reviendrons tout à l'heure.

LXXVI.

« Cheilon et **** ont les mêmes lettres, et pourquoi ? C'est parce que Cheilon lèche les choses qui se ressemblent et qui ne diffèrent pas.

Cette moquerie s'adresse au cunnilingue Cheilon . L'épigramme lui dit qu'il a en quelque sorte un droit de lécher, car son nom, composé des mêmes lettres que ****, annonce aussitôt le lécheur s'il peut lécher les lèvres d'une bouche semblable à la sienne, ou ceux d'une vulve, qui sont très dissemblables.

Le distique de Méléagre sur Phavorinus , publié par Huschkius dans son *Analecta critica* (p. 245), semble porter sur le même sujet :

« Vous doutez que Phavorinus fasse cette chose. Ne doutez plus ; il me l'a dit lui-même , *de sa propre bouche* .

Comme Martial emploie souvent très heureusement le mot *raconter* (III., 84), quand il parle de l'abus de la langue pour la *fellation* , et Horace de même, ainsi Méléagre dit **** (dit-il) de l'homme, qui emploie le sien pour avoir léché la vulve.

L'épigramme suivante d' Ammanius tirée des *Analecta* de Brunck , vol. II., p. 386, est un peu plus obscur :

> « Ce n'est pas parce que tu es nul avec ta plume que je ne t'aime pas ; c'est parce que vous le faites sans stylo.

Le scholiaste imaginé par l'auteur voulait réprimander un élève paresseux qui passait son temps à sucer sa plume, comme d'autres se rongent les ongles, et le gronder en même temps pour sucer sans plume, c'est-à-dire pour être un *cunnilingue* . Mais on peut considérer qu'il s'agit, et je pense avec plus de raison, d'un homme qui a l'habitude de tirer la langue pour l'acte obscène du *cunnilingue* , et qui y est tellement habitué qu'il la tire dans le rapports ordinaires de la vie.

Cette pratique monstrueuse était poussée à un tel point que, c'est presque incroyable, il y avait des gens qui, non contents de lécher des vulves sèches, le faisaient lorsqu'elles étaient humides des règles ou de toute autre sécrétion. Aristophane dit d' Ariphrade dans Les *Chevaliers* , v. 1280-83 :

> « Il n'est pas seulement obscène ; son imagination s'égare ; il pollue sa langue de plaisirs honteux, lèche dans ses orgies l'abominable rosée, salit sa barbe et tourmente les parties intimes des femmes.

Tourmenter les parties intimes des femmes, lécher les rosées, tacher la barbe, voilà l'homme que les vulves humides ne dégoûtent pas ! là vous avez une barbe comme celle du Ravola de Juvénal, IX., 4, « quand celui avec la barbe toute humide se frottait contre l'aine de Rhodopé ». Cependant, sans vouloir être dogmatique, on peut admettre que la barbe humide de Ravola n'était peut-être que les poils mouillés du pubis d'un fornicateur. Du passage ci-dessus d' Aristophane, nous pouvons déduire assez sûrement que l'expression « travailler avec la langue », qu'il utilise également, de manière assez ambiguë, à propos du même Ariphrade , s'applique plutôt à un *cunnilingue* qu'à un *fellateur* . *Guêpes* , 1847- 77 :

> "Alors Ariphrades , le mieux doté de tous, dont son père a dit un jour qu'il n'avait jamais eu de professeur, mais que, poussé par la nature, de sa propre volonté, il apprit à parler sa langue en visitant tous les bordels!"

Le même personnage réapparaît dans la *Paix* , 885, où il est décrit sans aucune circonlocution comme s'imbibant de la sécrétion féminine au moyen d'une sauce :

> "Et en se jetant sur elle, il boira tout son jus."

Mais les Grecs avaient, dans ce genre de volupté, une foule d'imitateurs parmi les Romains. Mamercus Scaurus nous est connu par Sénèque (*De Beneficiis* , IV., ch. 31), sous cet angle :

« Ne saviez-vous pas quand vous avez nommé Mamercus Scaurus , consul, qu'il avalait par bouchées les règles de ses servantes ? En a-t-il fait un secret ? A-t-il fait semblant d'être un homme irréprochable ? »

De même avec Natalis , lettre LXXXVII. :

« Dernièrement Natalis , cet homme à la langue aussi méchante qu'impure, dans la bouche duquel les femmes jetaient leur purgation mensuelle... »

Tous deux étaient donc des « buveurs de règles », appellation que, comme nous l'avons vu au chapitre III, Galien applique aux *cunnilingues* .

Maintenant aussi, nous pouvons clairement comprendre le sens de l'épigramme de Nicharchus contre Démonax , vol. III., p. 334 de Brunck *Analectes* :

« Ne regarde pas toutes choses, Demonax , la tête baissée, et ne gâte pas ta langue par une satisfaction excessive ; la truie a des poils menaçants. Tu vis parmi nous, mais tu dors en Phénicie , et bien que tu ne sois pas fils de Sémelé , tu es élevé à la cuisse. »

Il ne lève jamais les yeux, exactement comme le Cinede Maternus de Martial, I., 97 ; il satisfait sa langue, qui aime l'érection ; que la vulve soit couverte de poils ou épilée, cela ne le dérange pas ; le jour, il vit en Grèce, mais dort en Phénicie , parce qu'il se tache la bouche avec le flux mensuel, qui est, comme chacun le sait, de la teinture phénicienne , c'est-à-dire le rouge violacé [103] ; comme un autre Bacchus, il se nourrit d'une cuisse. [104] Cela n'a guère besoin d'explication. On imagine le *cunnilingue* , la bouche collée entre les cuisses, au travail.

Cette étrange dépravation fut encore en vogue au cours des siècles suivants. Ausonius, dans ses *Épigrammes* CXX., CXXIII., CXXV., CXXVI., CXXVII., et CXXVIII., a légué une notoriété très peu enviable aux noms de Castor et d' Eunus :

Épigramme CXX.:

« Castor [105] voulait lécher le milieu des hommes, mais il ne pouvait persuader personne de l'accompagner ; cependant le *fellateur* n'a pas manqué sa friandise ; il est allé lécher les parties intimes de sa propre femme.

Épigramme CXXIII., intitulée *In Eunum liguritorem* .— Sur Eunus le Licker :

« Eunus , pourquoi fais-tu la cour à Phyllis, la parfumeuse ? Les hommes disent que votre langue connaît ses parties, mais pas votre membre ! Attention, ne vous trompez pas dans les noms de ses senteurs et parfums, et que l'atmosphère de Seplasia ne vous joue aucun tour ; ne croyez pas que le costus et le cysthus aient la même odeur, que les sardines et le nard exhalent la même saveur. Pauvre Eunus ! les choses qu'il goûte et sent sont très différentes ; sa bouche et son nez ont des goûts très différents !

Il dit d'un ton moqueur : ne pensez pas que les articles divers de la boutique de Phyllis, votre petite parfumeuse de Capoue (Seplasia est en fait une rue de la ville de Capoue, où l'on vendait des parfums), sont tous de la même odeur et de la même saveur. Le costus [106] n'a pas l'odeur du cysthus [107] , le nard [108] a une saveur différente des sardines, sorte de petit poisson conservé dans le sel. Par ce condiment salé, Ausonius veut entendre exactement la même chose que signifie l'auteur de l'épigramme grecque, lorsqu'il parle de la mer salée, et qu'il a lui-même appelé salgama , signifiant la sécrétion de la vulve humide. Mais Eunus ne fait aucune distinction entre ce qu'il lèche et ce qu'il sent ; les deux n'ont rien en commun. Il respire des parfums qui sentent bon et lèche la vulve qui sent abominablement. Son nez obéit à une loi, sa langue à une autre.

Épigramme CXXV., dirigée contre le même Eunus :

> « Les salgamas n'ont pas d'odeurs embaumées ; céder la place à tous les autres parfums. Je préfère ne pas sentir du tout, ni bon ni mauvais.

Ici encore le poète joue avec les mots. Les parfums que vend Phyllis, il les appelle baumes, et salgamas ceux qu'exhale sa vulve. A proprement parler, les salgamas sont des racines et des légumes verts que l'on conserve dans le sel pour l'hiver, et dont l'odeur n'est pas agréable au nez de tout le monde. Son dicton selon lequel il préfère ne rien sentir du tout plutôt que de sentir quelque chose de mauvais est emprunté à Martial VI., *Epigr* . 55, contre Coracinus , qui était *cunnilingue* :

> "Plutôt que de sentir de mauvaises odeurs, je ne sentirais pas du tout."

Épigramme CXXVI.:

> « Lais , Eros et Itys, Chiron et Eros, Itys encore une fois , si tu écris les noms et prends les premières lettres, ils forment un mot, et ce mot est ce que tu fais, Eunus . Ce que signifie ce mot, la décence ne me permet pas de le dire en latin simple.

Les premières lettres des six noms grecs forment le mot ****, lèche-t-il. Le poète phallique (*Priapeia* LXVII) joue de la même manière sur le mot *pédicare* (pédiquer) :

« Prenez la première syllabe de *Pe* nelopé ; ajoutez-y le premier de *Di* do ; puis au premier de *Canis* joins le premier de *Remus* : ce qu'ils font, je te le ferai, voleur, si je t'attrape dans mon jardin. C'est la punition que votre crime subira.

Ausonius joue sur les mots *faire* et *faire*. Les initiales des mots grecs *font* un mot qu'il ne peut pas dire en latin, c'est trop indécent. Pourtant , Eunus n'hésite pas à *le faire* il, — le mettre en action.

Épigramme CXXVII.:

« Eunus , quand tu lèches les aines de ta femme, elle étant enceinte ; c'est parce que vous seriez en bonne période pour *enseigner les langues* à vos enfants à naître.

Vous semblez, dit-il, envoyer votre langue à la rencontre de vos enfants à naître, et remplir votre devoir de grammairien, leur enseigner des leçons de langue et l'interprétation de termes obscurs. [109] Le Manneius de Martial, dont nous avons parlé plus haut, avait aussi l'habitude de lécher les parties intimes des femmes enceintes.

Épigramme CXXVIII., intitulée *Sur le même Eunus , le Savant Licker* :

« Eunus , le petit pédagogue syrien, lécheur de soldats, médecin opican (c'est à Phyllis qu'il doit son savoir), contemple la machine féminine de quatre manières différentes : l'ouvrant triangulairement, il en fait la lettre Delta (Δ) ; voyant la paire de plis côte à côte le long de la vallée des cuisses avec la ligne au milieu où s'ouvre la fente du vagin, il dit que c'est un Psi (Ψ) ; en fait , sa forme est alors triple. Puis lorsqu'il y a mis sa langue, c'est un Lambda (Λ), et il y dessine le véritable dessin d'un Phi (Φ). Pourquoi! ignorant, pensez-vous voir un Rho (P) écrit, où simplement un long Iota (I) devrait être mis ? Médecin méprisable, ignoble pédant, vous méritez vous-même le Tau (T) ; le Thêta croisé (Θ) devrait de droit être opposé à votre nom.

Ausonius appelle Eunus un Opican , parce que ces pratiques sales étaient, selon Festus, les plus courantes parmi les Osci ou Opici . Il se livre alors à une série de plaisanteries, ou plutôt représente Eunus comme le faisant, sur la forme de l'organe féminin [110] . Il dit qu'il lui semble soit quadrangulaire, soit triangulaire, dans ce dernier cas correspondant au grec [grec : D] (de même Aristophane l'appelait un Delta, — « leur delta arraché les cheveux », *Lysistrata* , 151), et aussi la compare à la lettre **, à cause des plis qui entourent la vulve de chaque côté [111] et forment les lèvres extérieures, la voie du milieu étant l'ouverture de la vulve, et forment ainsi ensemble la lettre trifide ** ; dans le *Technopaegnium* , 140, il l'appelle une fourchette à trois dents, la fente étant le milieu et les lèvres les dents extérieures. Puis il dit qu'Eunus est un Lambda lorsqu'il lèche, à cause de la première lettre du mot ****. Tout cela est assez clair, et je ne comprends pas comment le très savant Vinet peut se plaindre de son obscurité. Cela ne m'a pas non plus donné beaucoup de peine de comprendre ce qu'Ausonius entend par les lettres Rho et Iota. La solution me semble être la suivante : « Ne nous dis pas, Eunus , que ta pique en action ressemble à la lettre (P) des Grecs, lettre qui ressemble évidemment à une lance à boulets ; dans vos divertissements amoureux, vous n'utilisez d'autre lance que votre langue, qui, comme vous ne le nierez pas, ressemble plutôt à un javelot sans balles, quelque chose comme la lettre Iota ; vous ne pouvez pas me tromper, qui sais bien que vous préférez être pris pour un fornicateur plutôt que pour un *cunnilingue* , comme ce Gargilius , dont Martial, III., 96, dit :

> « Vous n'entrez pas, léchez seulement ma maîtresse ;
> pourtant vous vous vantez d'être adultère et copulateur !

Enfin, par le Tau, il menace son homme de la potence, et par le Thêta, de la mort. Il n'y a guère de doute là-dessus ; c'est un fait avéré que la lettre Thêta, initiale du mot ****, signifiait chez les Grecs la condamnation à mort [112] . En ce qui concerne Tau, le doute est permis ; au lieu de Tau, certaines copies d'Ausonius donnent (δ), et bien que ce signe puisse très bien, selon Scaliger, signifier la corde à pendre, la difficulté que je ressens est celle-ci, qu'une lettre composée, une lettre minuscule, une abréviation d'une antiquité douteuse, ainsi placé parmi des lettres simples, majuscules et non abrégées, semble très inapproprié. Il se peut qu'Ausonius ait écrit à l'origine **** ; alors * ayant été laissé de côté par inadvertance du copiste, le ** aurait facilement pu être transformé en **. Le Tau, comme le lecteur le verra immédiatement, représente une potence . Tertullien, *Adversus Maricionem* : "Cette lettre Tau des Grecs est chez nous le T, une sorte de croix."

Comme c'était le cas pour l'irrumation, à plus forte raison le léchage des parties intimes des femmes a été particulièrement adopté par les hommes âgés, dont l'outil ne relève pas la tête [113] .

Aloysie Sigaea , Dialogue VII., dit : « Lui (Gonzalve de Cordoue) était également un puissant *cunnilingue* en raison de son grand âge. »

> « Pourquoi Blatara lèche-t-il ? parce qu'il ne peut pas s'en sortir autrement.

Le même auteur, VI., 26 :

> « Lotades a perdu le pouvoir de se raidir ; alors lèche.

Et encore, XII., 88 :

« Vous avez trente jeunes garçons et autant de filles ; pourtant vous n'avez qu'un seul membre, et celui-ci n'augmentera pas. Que feras-tu alors ?

Lick, sans doute, comme on nous le dit Linus, dans *Epigr*. XI., 25 :

« Cette mentula trop fringante, Linus, si bien connue des jeunes filles, tiendra plus longtemps ; alors faites attention à votre langue.

Sextillus (Martial, II., 28), était selon toute vraisemblance aussi un *cunnilingue* :

« Riez de ceux, Sextillus , qui vous appellent cinede , et montrez-leur votre majeur [114] . Vous n'êtes pas, Sextillus , un pédicon , ni encore un fornicateur, et la bouche brûlante de Vetustilla ne vous tente pas non plus. — Vous n'êtes rien de tout cela, je l'avoue, Sextillus ; alors qu'est-ce que tu es ? Je ne sais pas, mais rappelez-vous ! il en existe encore deux sortes.

Il reste encore deux sortes à Sextillus , sucer le membre viril et lécher la vulve, alors qu'il n'est ni fornicateur, ni cinède , ni pédicon , ni irrumateur . Lequel a-t-il choisi d'être ? Cela, on ne nous le dit pas. Les eunuques, aussi impuissants que les vieillards, adoptent cette pratique pour la même raison. [115] Grégoire de Nazianze dit dans son sermon funéraire sur Basile le Grand :

« Ceux du gynécée , ces hommes qui, parmi les femmes, sont des hommes, et parmi les hommes, des femmes ; qui n'ont rien de viril que leur impiété ; ceux qui ne peuvent s'abandonner naturellement à la volupté ont recours à leur langue comme seule alternative.

Les *cunnilingingues* exhalaient une mauvaise odeur par la bouche, et leurs baisers étaient autant boudés que ceux des *fellateurs* . Martial, XII., 87 :

« Vous dites que la bouche des pédicons sent mauvais ; si cela est vrai, Fabullus , comme tu dis, dis-le-moi ! que penses-tu du souffle des *cunnilingingues* ?

Et le même, XII., 59 :

"Les voisins vous embrassent tous , depuis le vacher barbu, dont les baisers ont un goût de bouc, jusqu'au *fellateur* et au *cunnilingue* tout juste sorti de son métier."

Les cunnilingues et *les fellateurs* sont comparés aux boucs par Catulle (XXXVII.), à cause de leur haleine fétide :

« Pensez-vous que vous seul avez des membres, que vous seul avez le droit de satisfaire les femmes et que vous pouvez considérer tous les autres hommes comme des boucs ?

Ne croyez pas un instant que Catulle parle ici de boucs castrés, ce qui serait contraire au sens du mot, invariablement utilisé pour désigner des boucs entiers. Le sens est le même, mais on l'aborde d'une autre manière. Il dit : « Pensez-vous que vous seul avez des membres aptes à faire les affaires des filles ? que tous les autres trahissent par leur haleine boucreuse leur ignoble métier de *cunnilingues* ou *de fellateurs* , et par conséquent l'inertie de leurs mentules, leur faiblesse, leur incapacité d'érection ? Vous apprécierez mieux la piqûre du vers d'Atellane concernant Tibère César : « Un vieux mâle léchant les parties des chèvres. »

On pensait qu'il valait mieux passer pour un fornicateur que pour un *cunnilingue* ; d'abord parce que vos amis ne voulaient pas vous embrasser ; Martial, VII., 94 :

"Je préférerais affronter cent *cunnilingues* ."

Suétone, *De Illustris Grammaticis* , ch. 23 :

« Il (Remmius Palémon) aimait passionnément les femmes, au point de prostituer sa bouche pour leur plaire, et on raconte qu'il fut un jour réprimandé de la manière suivante par un homme qui, dans la foule, ne pouvait éviter un de ses baisers. : « Maître, dit-il, si vous voyez un homme pressé de s'enfuir, allez-vous le lécher ?

En second lieu par peur de faire fuir vos invités. Aristophane dit d' Ariphrade , dans les *Chevaliers* , 1285, 86 :

« Quiconque n'exécrera pas cet homme, qu'il ne boive jamais à la même coupe que nous » — enfin, de peur de laisser savoir combien on était rétréci et combien son membre était misérable. Martial, III., 96 :

« Vous léchez ma maîtresse, mais vous n'y entrez pas ; pourtant vous vous vantez d'être adultère et copulateur !

Aussi les *cunnilingues* ne prenaient-ils pas moins soin que les *fellateurs* de cacher la fétide de leur haleine au moyen d'essences et de parfums, Martial, VI., 55 :

« Toujours parfumé de cassia et de cannelle, et ta peau noircie des parfums du nid de Phœnix , tu pues les jarres de plomb de la boutique de Nicérote . Tu te moques de nous, Coracinus , parce que nous sommes inodores. Plutôt que de sentir bon comme toi, je ne sentirais pas du tout.

Pour lever tout doute sur le fait que Coracinus soit un *fellateur* ou un *cunnilingue* , nous citerons *Epigr* . IV., 43, où il est expressément qualifié de *cunnilingue* :

> « Je n'ai pas dit que tu étais un cinéde , Coracinus ; Je ne suis pas si téméraire et imprudent. Ce que j'ai dit dans un sujet léger, insignifiant, parfaitement connu, que vous ne vous nierez pas, je l'ai dit, Coracinus , vous étiez un *cunnilingue* .

On croyait que Vénus se vengeait des blessures infligées à elle-même ou aux siennes, non seulement en condamnant les coupables à se soumettre à la passivité, mais en les transformant en *cunnilingues* . D'où les goûts pathétiques de Philoctète :

> « Ce que la misère de Lemnos inspira à l'héritier d'Héraclès. »

Pour reprendre les mots mêmes d'Ausonius, *Epigr* . LXXI ; et en infligeant ces goûts Vénus aurait vengé les blessures de Pâris, Martial, II., 84 :

> « Les fils de Poéas était efféminé et enclin à l'amour masculin; c'est ainsi qu'on dit que Vénus a vengé les blessures de Pâris.

Dans la même épigramme, Martial rallie Sertorius sur son *cunnilingue* , donnant comme raison possible le fait qu'il ait tué Eryx , le fils de Vénus :

> « Pourquoi le Sicilien Sertorius lèche-t-il les parties intimes des femmes ? parce que, Rufus, il semblerait que c'est lui qui a tué Eryx .

Les cunnilingues semblent avoir été généralement pâles ; c'est aux médecins de dire pourquoi. Cela peut vous aider à discerner le sel dans l'épigramme de Martial sur Charinus , I., 78 :

> « Charinus se porte bien et fort, et il est toujours pâle ;
>
> Charinus boit avec modération, et il est toujours pâle ;
>
> Charinus digère bien, et il est toujours pâle ;
>
> Charinus aime le grand air et le soleil, et pourtant il est pâle ;
>
> Charinus se teint la peau, et il est toujours pâle ;
>
> Charinus lèche les parties intimes des femmes, et il est toujours pâle.

C'est-à-dire que parmi les causes qui doivent empêcher la pâleur, la dernière énumérée est la véritable cause de sa pâleur. *Les Fellateurs* auraient aussi eu des visages pâles, *Catulle* , LXXX :

> « Comment se fait-il, Gellius , que tes lèvres roses deviennent plus blanches que la neige de l'hiver, quand le matin tu quittes ta maison

et que la huitième heure t'appelle de ton long et doux repos ? Je ne sais pas quoi penser. Est-ce que la rumeur murmure que vous dévorez le milieu des hommes ? En tout cas, en témoignent les flancs enfoncés du misérable Virro et vos propres lèvres masquées par le jus laiteux qu'il aspiré.

Les flancs flétris sont ceux de Virro , l' *irrumateur* , les lèvres celles de Gellius ; le passage est quelque peu ambigu et ne doit être expliqué que ainsi. Un Virro , habitué à prendre le rôle passif, a déjà été mentionné par nous, en citant Juvénal, IX., 35. Je ne sais si c'est le même :

"Bien que Virro vous ait aperçu tous nus et que l'écume soit venue à ses lèvres."

Les pathétiques aussi, tout comme *les fellateurs* , semblent avoir des visages pâles. Juvénal, II., 50 :

« Hispo se soumet aux jeunes gens ; il est pâle de l'une ou l'autre sorte d'infamie.

Il servait de *patient* aux jeunes hommes, et était de plus un *fellateur* , comme le montre la différence que le poète institue entre lui et les femmes, qui ne se lèchent pas les parties secrètes :

" Taedia ne lèche pas Cluvia , ni Flora Catulla ."

En fait, les femmes sont rarement *cunnilingues* , même s'il *existe* des exemples. Martial ne mentionne qu'une seule femme comme appartenant à cette catégorie ; nous la retrouverons dans le prochain chapitre.

102 . Mais Clodia était pour Publius Clodius quelque chose de plus qu'une sœur ; cela ressortirait de la plaisanterie pleine d'entrain de Cicéron, *Pro Coelio* , ch. 13 :

> « S'il n'y avait pas eu de divergences entre moi et le mari de cette dame,… mon frère, je dirais ; Je fais toujours cette erreur.

103 . Gonzalve de Cordoue, selon Aloysia Sigaea (Dialogue VIII.) a fait des plaisanteries similaires : « Lui aussi, j'en suis sûr, malgré son âge, était un grand joueur de langue (linguiste). Une jolie fille d'une vingtaine d'années devait l'amuser. Quand il a voulu parler à son *juste milieu* , il a déclaré qu'il voulait aller en Ligurie. Il pouvait jouer avec les mots sur le même sujet, impliquant toujours l'idée d'une vulve humide, disant qu'il allait en Phénicie , ou à la mer Rouge, ou au Lac Salé ; vous comprenez maintenant ce que l'on entend par Lac Salé ou Mer Salée, dans lequel Alphée se jeta selon l'épigramme de l' *Anthologie* . A peu près apparentés à cela sont les salgamas d'Ausonius, dont nous parlerons bientôt, et les « oignons nageant dans une saumure putride », que dévore le Bæticus de Martial, III., 77. Comme on disait des fellateurs qu'ils « phénicisaient », parce qu'ils suivaient l'exemple des Phéniciens , de même probablement le même mot était appliqué aux *cunnilingues* comme aimant nager dans une certaine mer de rouge phénicien ; et, en fait, c'était le cas. Hésychius : « Scylax , une posture érotique, comme celle adoptée par les Phéniciseurs . » Les Phéniciens adoptaient une certaine posture, appelée Scylax , ou *le chien* . Il n'y a rien de mieux pour décrire l'action dépravée d'un *cunnilingue* que cette épithète canine à propos de la posture prise pour irrumer ou sucer ; les chiens sont *cunnilingues* comme on le sait, et ce depuis leur abominable aventure qu'ont rencontré leurs ambassadeurs (allusion à la fable de Phèdre).

104 . Ovide, *Métamorphoses* , III., 308-12 :

> « … La femme mortelle ne pouvait pas survivre au feu céleste ; elle était consumée par les faveurs de son époux . L'enfant à moitié formé est arraché du ventre de sa mère et, si l'on en croit le récit, est semé encore immature dans la cuisse du père, et là s'achève la période de gestation.

105 . Ce Castor est peut-être le même qui, selon la déclaration d'Ausonius (Epigram in *Professoribus Burdegalensibus* , XXII., 7) avait publié un livre intitulé *Cunctis de Regibus ambiguïs* .

106 . Pline, *Nat. Hist.* , XII., ch. 12 : « La racine de Costus a un goût brûlant et une odeur exquise ; ses baies sont autrement inutiles.

107 . Le Cysthus , dieu grec, désigne les parties intimes d'une femme. Aristophane, *Lysistrata* , v. 1160 : « Et un cysthus plus beau que je n'ai jamais vu. »

108 . Pline *Nat. Hist.* , XII., ch. 12 : « Les feuilles de nard doivent être considérées plus minutieusement, car elles sont un ingrédient principal de la parfumerie. »

109 . Quintilien, *Instit . orat* ., I., ch. 1 : « Il peut apprendre l'interprétation des langues occultes, ce que les Grecs appellent ****** Alcuin, *Grammatica* , p. 2086, dans la *Collection* Putschius : *La glossa* est l'interprétation d'un verbe ou d'un nom ; *par exemple catus* est la même chose que *doctus* . A cette occasion, il peut être permis au directeur de la bibliothèque de la cour de Cobourg de déclarer que cette bibliothèque contient un exemplaire remarquable de la collection de Putschius , de la main de John Scheffer , décédé à Upsala en 1679, commençant ainsi : « Les notes que l'on trouve dans ce volume, en marge des livres IV. et V., de Priscien, ont été rédigés d'après un manuscrit très ancien et très joliment écrit, dans lequel on trouve un certain nombre de traces d'orthographe latine primitive, comme par exemple : *dirivare* pour *derivare* , *peneultimus* et *antepeneultimus* pour *penultimus* et *antepenultimus* , *Oratius.* pour *Horatius* , etc.

110 . Comme il s'agit de la forme de l'organe féminin, il ne sera pas inutile d'énumérer ici tous les différents noms sous lesquels il était connu en latin ; nous en avons rassemblé la plus grande partie dans le trésor d' Aloysia. Sigaea : « Le champ, l'anneau, le sillon, la caverne, le clitoris, la conque, le cunnus, la barque , le cysthus , la fosse, le jardin, l'entre-cuisses, la barque , le porc, le guichet, la fente, le précipice, le trou, la tranchée, le fourreau, le virginal, la vulve. Et ce qui devrait nous empêcher de donner à l'époque les noms du membre viril : L'armature du ventre, la catapulte, la queue, la tige, le colis, la colonne, la perche, la lance à boulets, l'amulette, le le brochet, l'aine, le cintre, la mentula, le mutinus , le muto , le nerf, le signe viril, le pieu, la peculia , le pénis, le bouchon, le phallus, le javelot, l'arbre, l'obélisque, la hampe , le spectre , le membre séminal, le poinçon, le taureau, le dard, la baliste, la poutre, le thyrse, le vaisseau, le petit vaisseau, la veine, le privé, la verpa et le verpus , la verge, le soc. » Ici, vous en avez largement assez.

111 . *Altrinsecus* , en Ausonius, équivaut à *utrinsecus* , c'est-à-dire de chaque côté. Lactance emploie ce mot dans *De Opificio Dei* , ch. 8 : « Il est incroyable comme le fait qu'elles soient doubles (les oreilles) ajoute

à leur beauté, autant à cause de la symétrie ainsi produite, que parce que les sons qui s'élèvent de toutes parts, peuvent plus facilement être reçus des deux côtés. (altrinsecus).»

112 . Persius , VI., 13 : « Et vous pouvez marquer le crime d'un Thêta noir. » Voir aussi Martial, VII., 36.

113 . Je dis qu'il a été adopté par eux particulièrement ; qu'il y avait aussi des jeunes gens, qui par une singulière dépravation léchaient les vulves où ils auraient pu légitimement pénétrer, nous dit Martial, XI., 86 :

> « Une étoile maléfique, Zoilus , a soudainement frappé ta langue, alors même que tu léchais une vulve. Bien sûr, Zoilus , tu dois maintenant utiliser ton membre.

114 . Lorsque le majeur pointe, les autres doigts sont tournés vers l'intérieur, représentant ainsi une mentula avec ses accessoires ; c'est pourquoi il fut ainsi montré ostensiblement à Cinède (les Grecs exprimaient cela en un seul mot : ******), soit en guise d'invitation, soit pour le taquiner. Martial, I., 93 : «Cestus s'est souvent plaint à moi, Mamurianus , que tu le taquines avec ton doigt.» Il a également été pointé du doigt les personnes méprisées. Le même auteur, VI., 70 :

> «Il montre du doigt et ce doigt effronté» (c'est Martianus , qui n'est jamais malade, qui le fait aux médecins). C'est pourquoi ce doigt malchanceux reçut l'épithète « infâme ». Persius dit sans arrière-pensée obscène, II., 33 : « La grand-mère nettoie le bébé avec le fameux doigt (majeur) ».

115 . Cependant les eunuques privés de leurs testicules, mais non de leur mentula, ne manquent pas de lubrification : ils peuvent faire le métier sans aucun danger pour une femme, dans la mesure où ils ne peuvent pas engendrer d'enfants. Les matrones romaines en étaient bien conscientes : Martial, VI., 67 :

> « Tu me demandes, Pannicus , pourquoi Gallia a tant d'eunuques ; elle aime être appréciée, mais ne veut pas d'enfants.

Juvénal, VI., 365-67 :

> « Il y a des femmes qui aiment les eunuques faibles, et les baisers toujours inoffensifs, et l'absence, non ! l'impossibilité d'avoir une barbe, car ils n'ont pas besoin d'utiliser de produit avorté.

Saint Jérôme, dans la *Vie d'Hilarion* : « Un intendant aux cheveux bouclés, castré pour un plaisir plus long et une sécurité parfaite... » Pour être plus sûres de leur jouissance, les dames expérimentées n'autorisaient pas les testicules des eunuques. être retranché jusqu'à ce que le membre ait atteint sa pleine taille, craignant qu'il ne reste chétif et inactif si l'opération était effectuée plus tôt. Ils voulaient des eunuques bien équipés, capables de défier Priape lui-même. Par telles elles aimaient se faire travailler, étant sûres de ne pas devenir enceintes. Juvénal, VI., 367-77 :

> « Chez ceux-là cependant, le plaisir de l'amour est le plus exquis, dont les testicules, lorsqu'ils sont vigoureux et pleinement mûrs, sont livrés aux chirurgiens, le pubis étant déjà noir de poils. Les organes sont épargnés jusqu'à ce qu'ils soient pleins et prêts ; puis enfin, quand ils ont atteint deux livres, Héliodore les coupe, au préjudice du barbier. Les observés de tous les observateurs, dévisagés de tous, le voient entrer dans les bains et défier le dieu de la vigne et du jardin, ainsi castré sur ordre de sa dame. Il peut désormais coucher avec sa maîtresse ; Méfiez-vous toujours, Josthumus , de la façon dont vous lui confiez votre Bromius , maintenant pleinement développé et prêt pour le rasoir.

CHAPITRE VI

DES TRIBADES

LES tribades , aussi appelés frictionnistes [116] du dieu grec, je frotte, sont des femmes, chez qui cette partie de l'appareil génital qu'on appelle le clitoris, atteint de telles proportions, qu'elles peuvent l'utiliser comme mentula, soit pour la fornication, soit pour la pédication . Le clitoris, [117] qui est une caroncule (un petit cône charnu) très sensible, capable de mouvement et ressemblant à la verge, entre en érection chez toutes les femmes, non seulement pendant le coït, dont il augmente immensément les délices. par une titillation accrue, mais aussi par un simple désir amoureux ; chez les tribades , soit par un caprice de la nature, soit par suite d'un usage fréquent, il atteint des dimensions immodérées [118] . La tribade peut la mettre en érection, pénétrer dans une vulve ou un anus, jouir d'une volupté délicieuse, et procurer sinon une réalisation complète de cohabitation, du moins quelque chose de très proche, à la femme qui joue le rôle passif. Que dire de plus? Elle joue le rôle de l'homme avec l'omission de l'éjaculation du sperme, non que cette sorte de coït soit une affaire tout à fait sèche, comme les femmes ont l'habitude d'émettre leur liquide pendant les joies de l'amour [119] .

Cette dépravation de volupté, qu'elle soit causée par la chaleur du climat, ou par une particularité du sol ou des eaux, ou par d'autres raisons qui nous sont inconnues, était particulièrement commune chez les femmes de Lesbos ; ceci est attesté par tous les écrivains anciens. Lucien, dans ses « Dialogues de courtisanes », n° V. (Œuvres, vol. VII, p. 349.) : « C'est un de ces tribades , comme on en trouve à Lesbos, qui n'ont rien à craindre. faites avec les hommes, et faites les affaires des hommes avec les femmes. Si de telles choses étaient monnaie courante chez les femmes lesbiennes, il faut croire qu'elles y ont été poussées par une incitation naturelle [120] , et pour apaiser une intolérable luxure. Qui n'a pas entendu parler de la reine la plus célèbre de toutes les tribades , Sappho, elle-même lesbienne ? Certains auteurs, Maximum de Tyr le premier d'entre eux, ont, avec la meilleure intention, tenté de l'exonérer de son vice infâme ; mais entendez-la dans Ovide (et il représente les Anciens dans le sentiment et le sentiment), la répudier serait des apologistes, *Héroïde* , XV., 15-20 :

> « Ni les jeunes filles de Pyrrha, ni celles de Méthymne [121] , ni toute la multitude des beautés lesbiennes ne me plaisent. Vile me semble Anactoria , vile la belle Cydno, Atthis n'est plus aussi chère à mes yeux qu'elle l'était autrefois, ni cent autres que j'aimais non innocemment [122] . Méchant! le vôtre est maintenant ce qui appartenait à beaucoup de femmes... »

et le verset 201 :

> "Des femmes lesbiennes, bien-aimées, qui m'ont rendu tristement célèbre !"

Sappho parle d'abord en général de celles qui ont subi ses caresses, les jeunes filles de Pyrrha et de Méthymne ; puis elle mentionne nommément Anactoria , Cydno et Atthis , — auxquels Suidas ajoute Telesippa et Megara :

> «Ses favoris, qu'elle aimait bien, étaient au nombre de trois, Atthis , Telesippa , Megara, et pour ceux qu'elle brûlait dans une passion impure.»

Ces passages des Anciens sont assez clairs et n'admettent aucun doute ; ils nous aident même à expliquer d'autres phrases, qui autrement semblent obscures ou ambiguës ; par exemple la « Sappho masculine » d'Horace (*Épîtres* I., XIX., 28) ; « porter plainte contre les servantes de son pays » (*Odes* II, XIII, 25) ; aussi Ovide, *L'Art d'aimer* , III., 331.

> « Sappho devrait aussi être bien connu ; quoi de plus dévergondé qu'elle ? *Tristia* , II., 363 :

> "Quelle était la tradition enseignée par Lesbian Sappho, sinon aimer les femmes de chambre?"

et Martial, VII., 68 [123] .

> « Sappho, l'amoureuse, a loué notre poétesse ; celui-ci était plus pur , le premier pas plus parfait en art.

La plume spirituelle et licencieuse de Lucian a rendu célèbre une autre tribade , Megilla , dans le Dialogue cité ci-dessus. Ce Dialogue n'est pas outrageusement obscène, car il s'interrompt juste au moment où les choses auraient dû être dites très clairement ; néanmoins la pudeur virginale de notre Wieland n'a pas osé le traduire en allemand. Le philosophe de Samosate fait entrer Léaena en scène et lui fait découvrir par quels artifices Megilla a obtenu son consentement. Léaena demande à Megilla :

"Es-tu donc fait comme un homme, et traites-tu Demonassa (que Megilla utilisait à la manière des tribades), comme le font les hommes ?" «Je n'ai pas exactement tout cela, ma Leaena », répond Megilla , «mais je ne m'en prive pas entièrement. Cependant, vous me verrez au travail, et de manière très agréable. Je suis né comme vous tous, mais j'ai les goûts, les désirs et autre chose d'un homme. Laissez-moi vous le faire, si vous ne me croyez pas, et vous verrez que j'ai tout ce que les hommes ont. Donnez-moi la permission de vous travailler, et vous verrez. Leaena avoue qu'elle a finalement consenti, émue par ses sollicitations et ses promesses, et sans doute aussi par la nouveauté de la chose. « Je l'ai laissée faire, dit-elle, cédant à ses instances, secondée par un magnifique collier et une robe de fin lin. Je l'ai prise dans mes bras comme un homme ; elle s'est mise au travail en me caressant, haletante d'excitation et éprouvant visiblement l'extrême du plaisir. Clonarion lui demande avec curiosité :

"Mais qu'est-ce qu'elle t'a fait Leaena , et comment a-t-elle fait ?" Mais Leaena élude la question. « Ne me demandez rien de plus ; ce sont de vilaines actions ; par Uranie, je ne soufflerai plus un mot ! répond-elle, au grand regret du lecteur, qui voudrait pénétrer plus avant ce mystère.

Parmi les tribades , il faut encore nommer Philaenis , le même sans doute qui, selon Lucien (*Amores* , ch. 28 - Works vol. V., p. 88), écrivait à propos des postures érotiques : « Que les appartements de nos femmes soient remplis. par des femmes comme Philaenis , déshonorées par des amours androgynes ! HYPERLINK "https://gutenberg.org/files/57284/57284-h/57284-h.htm" \l "f124" » — Sophoclidisca dans Plaute, à qui Paegnion dit : « Ne me caresse pas, subagitatrice ! » (*Persa* , acte II., 41) ; — et Folia d' Ariminum , qui selon Horace (*Epodes* , V., 41) était « de lubricité masculine ». Cependant, les écrivains abordent généralement ces points avec plus de légèreté qu'il n'est agréable à la curiosité du lecteur. C'est pour la même raison qu'il faut regretter la trop grande réserve de Sénèque (*Controversia* , *II), où il dit à la fin :*

> « Hybrée devant plaider en faveur d'un homme qui avait surpris et tué un tribade , décrivit la douleur du mari ; sur un tel sujet il ne faut pas demander une enquête trop particulière.

Bien plus complet, plein et explicite est notre bon ami de Bilbilis (Martial). Écoutez-le ! il révèle les agissements tribadiques de Balba , si clairement qu'on ne pourrait pas faire mieux ; I., 91 :

> « Comme personne, Bassa , ne t'a jamais vu partir avec des hommes ; comme la rumeur ne t'a jamais assigné d'amant, comme chaque fonction à ton égard était remplie par une troupe de femmes, jamais aucun homme ne s'approchait de toi, tu nous semblais, je l'avoue, une très Lucrèce. Mais, oh ! honte à toi, Bassa , tu étais tout le temps un fornicateur ! Vous osez réunir les parties intimes de deux femmes, et votre monstrueux organe d'amour feint le mâle absent. Vous avez inventé un miracle qui répond à l' énigme thébienne : là où il n'y a aucun homme, là doit être l'adultère !

Bassa a fait en réunissant les parties intimes de deux femmes est sûrement assez clair . En aucun cas ! Il y a des commentateurs, et de très bons aussi, qui ont bien mal compris ce passage très facile, et ont imaginé que Bassa abusait des femmes en introduisant dans leur vagin un appareil de cuir, un olisbos , une *godemiche* ; nous parlerons à la fin de ce chapitre de ce genre de plaisir, mais il était tout à fait inconnu de Bassa , qui simulait l'homme dans sa propre personne.

Rien de plus monstrueux que la passion libertine de Philénis ; elle ne s'est pas contentée d'introduire son clitoris raide dans la vulve des tribades , Martial, VII., 69 :

> « Tribade des tribades , toi, Philaenis , tu as bien raison d'appeler ta maîtresse celle que tu travailles ; » ou dans ceux d'autres jeunes filles, et d'en avoir une douzaine sous elle dans un jour ; mais elle pédicait même les garçons ; Martial, VII., 67 :

> « Philaenis le tribade il pédique les garçons [125] , et plus dur qu'un homme en un jour il travaille onze filles.

Pour ne rien laisser de côté en matière de convoitises viriles, elle était aussi *cunnilingue* ; même épigramme, à la fin :

> « Après tout ça, quand elle est en bonne forme, elle ne tète pas, c'est trop féminin ; elle dévore les parties médianes des filles. Que tous les dieux te confondent, Philaenis , qui pense que c'est un travail viril de lécher la vulve.

Philaenis , trop en rut, se faisait aussi servir par *des cunnilingues* ; cela ressort assez clairement de Martial, IX., 41 :

> "Lorsque Diodore , voulant les couronnes tarpéiennes, quitta Pharos et s'embarqua pour Rome, Philaenis jura que pour célébrer le retour de son compagnon, une servante innocente la lécherait, telle que les chastes femmes sabines chérissent encore."

Elle a juré que si son mari revenait se faire lécher la vulve par une jeune fille connue pour son innocence et sa chasteté ; le faire faire par des prostituées n'était pour Philaenis rien de nouveau ; elle voulait à cette occasion expérimenter avec une vierge, exactement comme les hommes, qui veulent toujours quelque chose de nouveau et d'étrange pour stimuler leur désir. Comme il était rare que les femmes utilisent d'autres femmes à cette fin, cela ressort de Juvénal II., 47-49 :

> « ... On ne trouvera aucun autre cas aussi abominable dans notre sexe ; Taedia ne lèche pas Cluvia , ni Flora Catulla .

Mais que trouver de plus fort, de plus énergique et de plus clair pour éclairer complètement le lecteur sur ce sujet que les vers suivants de la *Satire* VI, 308-333, où la colère de Juvénal contre les orgies tribadiques de Rome éclate en paroles de feu ?

> « La nuit, ils arrêtent leurs civières ici, font de l'eau ici et inondent de longs siphons la statue de la Déesse, puis tournent, tournent et font

des mouvements sous l'œil de la lune consciente ; puis ils rentrent chez eux. Quand la lumière du matin revient, vous marchez dans la pisse de votre femme, pour rendre visite à vos grands amis. On connaît les rites secrets des *Bona Dea* , quand la flûte excite leurs reins dévergondés, quand ivres de musique et de vin elles se précipitent en faisant tournoyer leurs mèches et en hurlant, ces Ménades de Priape ! Comme ils aspirent à une copulation instantanée ! comme leur voix tremble de désir passionné ! quels flots de vieux vin dégoulinent sur leurs cuisses dégoulinantes ! Un prix est offert et Laufeia défie les filles du maître du bordel et remporte la première place pour les hanches agiles ; tandis qu'elle est folle du plaisir que lui procurent les mouvements astucieux de Medullina . Parmi ces dames, le mérite emporte la palme du sang noble. Là, rien ne doit être feint, tout doit être fait en toute vérité et en actes, — de quoi enflammer, si refroidis par l'âge, le fils de Laomédon et le vieux Nestor avec sa rupture ! On voit alors une simple convoitise qui ne supporte pas un instant de plus, des femmes dans leur brutalité nue, tandis que de tous les coins de la salle souterraine s'élève le cri réitéré : « L'heure est venue, admettez les hommes. » L'amant dort-il ? elle ordonne au premier jeune homme de saisir sa capuche et de venir immédiatement. N'en trouve-t-on pas ? on a recours aux esclaves. Aucun espoir d'esclaves ? un porteur d'eau sera loué pour venir. S'il ne vient pas et qu'il n'y a pas d'hommes, elle n'attendra pas un instant de plus et se procurera un âne pour la monter par derrière.

Les orgies tribales étaient divisées en deux sortes ; dans l'une d'elles, les dames romaines, donnant libre cours à leur convoitise, souillèrent l'autel de la chasteté ; dans l'autre, ils célébraient les mystères de la *Bona Dea* . Vous voyez d'abord les tribades aller la nuit en civières à l'autel de la chasteté, y passer leur eau [126] contre la statue de la Déesse, et après avoir peut-être craché leur urine jusqu'à son visage [127] ils du moins mouillent le terrain tout autour (leurs maris le traversent de part en part le matin, lorsqu'elles vont voir leurs clients), puis elles montent ou se laissent monter alternativement ; nous avons ici plus d'un Philaenis , tribade des tribades ! D'autres dames vont célébrer les mystères de la *Bona Dea* , bien connus du public depuis les aventures de Clodius [128] . On les voit se réveiller au son des flûtes et des trompettes, comme aussi aux fumées du vin, pour subir vaillamment les joutes de l'amour mutuel ; on voit leur frénésie amoureuse, leurs cheveux volant au vent ; vous remarquez leurs soupirs de nostalgie et la façon dont ils pissent d'excitation. Un prix est fixé, comme à la fête du pape Alexandre VI, pour être remis à la tribade la plus intrépide : Laufeia appelle les filles du bordel pour qu'elles la laissent monter sur elles, et emporte la couronne [129] ; il n'y a là-bas personne de meilleur cœur que Medullina , experte à faire jouer ses reins et ses fesses ; là toute étiquette cesse, maîtresses et servantes se disputent la palme de l'obscénité ; il n'y a pas d'imposture, tout est réalité tribadique [130] ; mais enfin, finalement la nature reprit le dessus, le tribad disparut, et la femme redevint femme, laissant seul le tribadisme, comme un fantôme seulement du plaisir, et ne les satisfaisant pas ; de toutes parts un cri s'élève : « C'est maintenant le moment pour les hommes d'entrer : allez chercher des jeunes gens ; si vous n'en trouvez pas, des esclaves feront l'affaire ; s'ils manquent, amenez les premiers hommes que vous trouverez dans les rues. Et si tout échoue, dans leur débauche éhontée, ils offriront leurs fesses à un âne [131] . Sur l'origine des tribades [132] Phèdre a une fable, IV., 14 :

> « Un autre a demandé la raison pour laquelle les tribades et les
> cinédes avaient été créés. Le vieillard expliqua ainsi : Le même
> Prométhée, modeleur de l' argile humaine, qui, si elle heurte la
> Fortune, est brisé en morceaux, alors qu'il façonnait tout le jour
> séparément ces parties que la pudeur tient cachées sous un vêtement,
> pour les ajuster. Alors qu'il s'approchait des corps qu'il avait faits, il
> fut inopinément invité à souper par Bacchus. Là, il buvait le nectar à
> grandes gorgées et rentrait tard chez lui avec le pied chancelant ; puis,
> avec des vapeurs de vin et de somnolence, il joignit les parties
> féminines aux corps masculins et fixa les membres masculins sur les
> femmes. C'est ainsi que nous trouvons la luxure se livrant à des
> plaisirs dépravés.

Le membre masculin appliqué aux femmes est évidemment ce clitoris de telles proportions en érection, que les tribades peuvent s'en servir comme d'un pénis ; l'appareil féminin équipant l'homme n'est autre chose que l'orifice postérieur, qui démange chez les cinèdes , tout comme la vulve titille les femmes. Les Tribades ne manquaient pas au temps de Tertullien ; il les appelle des frictrices . *De Pallio* , ch. 4 :

> « Regardez ces louves qui font leur pain par l'incontinence générale
> ; entre eux, ils sont aussi des frictions .

Le même auteur dit dans *De Resurrectione Carnis* , ch. 16 : « Je n'appelle pas empoisonnée une coupe qui a reçu le dernier soupir d'un mourant ; Je donne ce nom à celui qui a été infecté par le souffle d'une frictrix , d'un grand prêtre de Cybelé , d'un gladiateur, d'un bourreau, et je vous demande si vous ne le refuserez pas comme vous refuseriez les vrais baisers de telles personnes. .»

tribades n'était pas non plus dépassé à l'époque d' Aloysia. Sigée :

> "Non! ne me pense pas, dit Tullia , Dialogue II, pire que les autres.
> Ce goût est répandu presque dans tout l'univers. Italiens, Espagnols,
> Français, tous se ressemblent quant au tribadisme de leurs femmes ;

s'ils n'avaient pas honte, ils seraient toujours dans les bras l'un de l'autre.

De plus, elle cite elle-même quelques exemples des transports chauds des tribades , Dialogue VII. :

« Enemunda , la sœur de Fernando Porcio , était très belle, tout comme une de ses amies, Francisca Bellina . Ils dormaient fréquemment ensemble dans la maison de Fernando. Fernando a tendu des pièges secrets à Francisca ; celui-ci savait qu'il désirait l'avoir et en était fier. Un matin, le jeune homme, piqué par ses désirs, se leva avec le soleil et sortit sur le balcon pour rafraîchir son sang brûlant. Il entendit le lit de sa sœur, dans la pièce voisine, craquer et trembler. La porte était ouverte ; Vénus avait été gentille avec lui et avait rendu les filles négligentes. Il entre; ils ne le voient pas, aveuglés et assourdis par le plaisir. Francisca chevauchait Enemunda , toutes deux nues, au grand galop. « Les mentulas les plus nobles et les plus puissantes sont chaque jour après ma virginité, » dit Francisca, « je choisirais les plus belles, ma chère, mais pour toi ; tant je suis désireux de satisfaire vos goûts et les miens. Tout en parlant, elle la faisait courir vigoureusement. Fernando se jeta nu dans le lit ; les deux jeunes filles, presque mortes de peur, n'osaient pas bouger. Il attire Francisca, épuisée par sa chevauchée, dans ses bras et l'embrasse : « Comment oses-tu, fille abandonnée, dit-il, violer ma sœur si pure et si chaste ? Vous me paierez pour cela ; Je vengerai le tort fait à notre maison ; répondez maintenant à mes flammes comme elle a répondu aux vôtres. 'Mon frère! mon frère!' s'écrie Enemunda , "pardonnez à deux amants et ne nous trahissez pas pour nous calomnier !" « Personne ne saura rien, répondit-il, que Francisca me fasse cadeau de son trésor, et je vous ferai cadeau à tous les deux de mon silence. »

La conversation d' Ottavia avec Tullia , agissant en tant que tribade , dans le même ouvrage (Dialogue II) est encore plus audacieuse et plus pertinente :

TULLIA : Je vous en prie, ne reculez pas ; ouvrez vos cuisses.

OTTAVIA : Très bien ! Maintenant tu me couvres entièrement, ta bouche contre la mienne, ta poitrine contre la mienne, ton ventre contre le mien ; Je te serrerai comme tu me serres.

TULLIA : Lève tes jambes, croise tes cuisses sur les miennes, je vais te montrer une nouvelle Vénus ; pour vous, c'est tout à fait nouveau . Comme vous obéissez gentiment ! J'aimerais pouvoir commander aussi bien que vous exécuter !

OTTAWA : Ah ! ah ! ma chère Tullia , ma reine ! comme tu pousses ! comme tu te tortilles ! J'aurais aimé que ces bougies soient éteintes ; J'ai honte qu'il y ait de la lumière pour voir à quel point je suis soumis.

TULLIA : Maintenant, fais attention à ce que tu fais ! quand je pousse, tu te lèves à ma rencontre ; bougez vigoureusement vos fesses, comme je bouge les miennes, et soulevez-vous le plus haut possible ! Votre souffle est court ?

OTTAVIA : Tu me disloques avec tes violentes poussées ; tu m'étouffe; Je ne le ferais pour personne d'autre que toi.

TULLIA : Serre-moi bien, Ottavia , prends... là ! Je fond et je brûle, ah ! ah ! ah !

OTTAVIA : Votre liaison met le feu à la mienne, reculez !

TULLIA : Enfin, ma chérie, je t'ai servi de mari ; tu es ma femme maintenant !

OTTAVIA : J'aimerais au ciel que tu sois mon mari ! Quelle épouse aimante je devrais faire ! Quel mari je devrais avoir ! Mais vous avez inondé mon jardin ; Je suis tout arrosé ! Qu'as-tu fait, Tullia ?

TULLIA : J'ai tout fait jusqu'au bout, et du fond sombre de mon vaisseau, l'amour dans des transports aveugles a lancé la liqueur de Vénus dans votre jeune barque .

Léon l'Africain, dans sa *Description de l'Afrique* , p. 336 (édition Elzevir , de 1632), mentionne les tribades de Fès :

> « Mais ceux qui ont plus de bon sens appellent ces femmes (il parle des sorcières) « Sahacat », mot qui correspond au latin *fricatrices* , parce qu'elles prennent leur plaisir les unes avec les autres. Je ne puis parler plus clairement sans offenser la décence. Lorsque de belles femmes leur rendent visite, ces sorcières en tombent aussitôt d'un amour ardent, non moins ardent que l'amour des jeunes hommes pour les filles, et elles leur demandent, sous les traits du diable, de les payer en subissant leurs étreintes. Il arrive ainsi que bien souvent, lorsqu'ils croient avoir obéi aux ordres de démons, ils n'ont en réalité affaire qu'à des sorcières. Beaucoup aussi, satisfaits du jeu auquel ils ont joué, cherchent de leur propre gré à avoir à nouveau des relations sexuelles avec les sorcières et, sous prétexte d'être malades, convoquent l'une d'elles ou envoient leurs malheureux maris la chercher. Alors les sorcières, voyant où en sont les choses, affirment que la femme est possédée par un démon et ne peut être libérée qu'en adhérant à leur association.

Vous demandez si on trouve encore des tribades de nos jours ? S'il n'y en a pas aujourd'hui, il en existait certainement à Paris, peu de temps avant la Grande Révolution, si l'on en croit l'auteur de *Gyneology*, III., p. 428. Il existait à Paris un véritable collège de tribades , appelées Vestales, qui se réunissaient régulièrement dans des localités particulières. Il y avait un grand nombre de membres et des classes les plus élevées ; ils avaient leurs statuts concernant l'admission ; les affiliés étaient répartis en trois degrés : aspirants, postulants, initiés. Avant que la postulante puisse être admise au secret de l'ordre, elle dut subir pendant trois jours une période de probation difficile : enfermée dans une cellule tapissée de tableaux obscènes et ornée de Priapi sculptés aux proportions magnifiques, elle devait entretenir un feu. avec je ne sais combien d'ingrédients, et disposé de telle manière qu'il s'éteignait si l'on prenait trop ou pas assez d'un des matériaux ; sur les quatre autels du temple, ornés de statues de Sappho, des Lesbiennes qu'elle avait aimées et du chevalier d'Eon , qui pendant tant d'années réussit à dissimuler son sexe, et de splendides tentures, brûlaient des feux perpétuels. . Les femmes anglaises entretenues ne reculaient pas non plus devant le tribadisme, comme le dit le même auteur, III., p. 394. Il affirme que peu de temps avant la fin du siècle dernier, des confédérations de tribades , appelées confédérations alexandrines, existaient encore à Londres, quoique en petit nombre seulement.

Assez maintenant de ceux qui sont, à proprement parler, compris sous le nom de tribades ; mais le mot a une signification plus étendue. Le terme s'applique également aux femmes qui, à défaut d'une véritable mentula, se servent de leur doigt ou d'un appareil de cuir qu'elles introduisent dans leur vulve, et obtiennent ainsi une jouissance fictive. L'Allemagne, comme je l'ai entendu récemment, ne cesse de se plaindre de ces abus. Quant à la machine en cuir [133], appelée par les Grecs olisbos , les femmes de Milet, entre autres, en faisaient leur instrument de plaisir. Aristophane, dans les *Lysistrata* , 108-110 :

> je n'ai vu aucun olisbos long de huit pouces, qui pourrait nous apporter son aide de cuir..."

Suidas sous le mot « **** » :

> « Un membre viril en cuir qui était utilisé par les femmes milésiennes, comme étant tribades et impudiques. Les veuves en profitaient également.

Le même auteur sous le mot « **** » :

> " Cratinus dit aussi à ce sujet : *Les* femmes obscènes utiliseront les olisbos . "

Hésychius cite le même passage.

Si vous demandez si les femmes modernes, qui ont souffert du tort de voir leur beauté bafouée, ont réellement recours à ce substitut du cuir, Aloysia Sigaea (Dialogue II) vous répondra :

> « Les femmes milésiennes se fabriquaient des imitations en cuir, longues de huit pouces et épaisses en proportion. Aristophane nous dit que les femmes de son époque en faisaient habituellement usage. Et jusqu'à aujourd'hui, les femmes italiennes, espagnoles et asiatiques honorent cet instrument en lui accordant une place dans leur appareil de toilette ; c'est leur bien le plus précieux et très apprécié.

C'est un fait incontestable que les matrones romaines chérissaient une espèce de serpent inoffensif [134], dont la peau froide servait de réfrigérateur en été, Martial, VII., 86 :

> "Si Glacilla enroule un serpent de glace autour de son cou..."

Lucian *Alexander* (Œuvres, vol. IV., p. 259) :

> « Dans ce pays-là, on voit des serpents d'une taille énorme, mais si calmes et si doux qu'ils sont caressés par les femmes, dorment avec les enfants, ne se fâchent pas lorsqu'on les marche ou qu'on les manipule, et sucent les tétons du sein comme un nourrisson. .»

Ceci étant, notre éminent Bottiger avait probablement raison, lorsqu'il écrivit à la page 454 de sa *Sabina* [135] un ouvrage profondément scientifique en allemand, que très probablement les serpents étaient utilisés comme instruments pour satisfaire la lubricité des femmes amoureuses. Vous comprenez peut-être maintenant ce qui est arrivé, ou ce qui aurait pu arriver à Atia , la mère d'Auguste, dont Suétone (*Auguste* , ch. 94) a écrit :

> « J'ai lu dans le traité d'Asclépiade de Mendé appelé la *Théologumena* , comment Atia , la mère d'Auguste, s'étant rendue à minuit au temple d'Apollon pour assister à un sacrifice solennel, s'endormit, ainsi que les autres femmes présentes ; comment un serpent s'est soudainement glissé près d'elle, et après quelque temps s'est retiré de nouveau, et comment au réveil elle s'est purifiée, comme si elle avait quitté les bras de son mari.

Il n'y aurait rien d'étonnant à ce qu'un serpent de cette sorte ait exploré, même sans incitation de la part d'Atia , une certaine localité qui lui était bien connue par la lubricité d'autres femmes, et qu'Atia ait ressenti au réveil la même sensation. comme si elle avait subi un véritable coït.

116 . On les appelait aussi hetairistriae :— Hesychius : « Hetairistriae tribades » — et également dietairistriae , selon le même auteur : « Dietairistriae , femmes qui s'en prennent aux prostituées (hetairae) pour des relations charnelles, tout comme le font les hommes ; comme les tribades .

117 . Aloysie Sigaea , Dialogue III. : « Mais j'ai oublié (Tullia parlant) de vous parler du clitoris. C'est un corps membraneux, situé au bas du pubis, et représentant sous une forme réduite la marge virile. Comme c'est le cas pour la verge, le désir amoureux l'excite à l'érection, et chez certaines femmes d'un tempérament ardent, il les enflamme de prurit à un tel degré qu'en le caressant simplement avec la main, elles évacuent très souvent leur fluide sans l'aide d'un cavalier.

118 . Si cette femme que Plater a vue, selon Venette dans son *Tableau de l'amour conjugal* , vol. I., ch. 1, 3, n'était pas une tribade , elle aurait très bien pu en être une ; son clitoris, qui, chez les autres femmes, atteint dans sa plus grande érection la longueur de la moitié du petit doigt ou à peu près, était aussi long que le cou d'une oie. Est-il surprenant que les femmes dotées d'un tel instrument souhaitent s'en débarrasser ? L'amputation est cependant dangereuse. Plater n'osa pas achever une amputation qu'il avait commencée, et Rodohamides , médecin égyptien du XIe siècle, n'eut même pas le courage d'en entreprendre une, bien que commandé par une reine de faire l'opération (Venette , IV., 2). Ceux à qui Adramytes , roi des Lydiens, ordonna de castrer les femmes, furent-ils plus courageux ? Athénée , XII., 2 : « Xanthus déclare dans le deuxième livre de ses Lydiaques , qu'Adramytes , roi des Lydiens, fut le premier à faire castrer les femmes et à les employer comme eunuques. » Quoi qu'il en soit, ces eunuques femelles ont beaucoup exercé les commentateurs. Certains supposent que les sangles et les boucles rendaient dans leur cas le même service que les ceintures de chasteté, que, dit-on, les Espagnols et les Italiens obligent encore aujourd'hui leurs femmes à porter s'ils croient avoir des raisons d'être jalouses : d'autres croient que c'est le cas. il s'agissait de suture, comme c'est le cas chez les indigènes de l'Angola et du Congo, qui cousent la vulve des jeunes filles pour protéger leur virginité ; mais je crois que personne ne sait rien de certain à cet égard. Il ne paraît pas non plus que ces femmes aient dû se soumettre à une opération, qui est certainement pratiquée sur les jeunes filles par les Arabes, les Coptes, les Éthiopiens, dans certaines

parties de la Perse et de la Nigritie , et qui consiste à couper le prépuce du clitoris ; ceci est prouvé par d'abondantes preuves et rapporté dans l'Encyclopédie d' Ersch et Gruber sous le mot : « Beschneidung » (Circoncision) ; comment en effet Athénée pourrait -il appeler *eunuchiser* ce qui est propre à accroître la fécondité des femmes ? J'ai pensé d'abord que ces femmes étaient des tribades transformées en eunuques par l'ablation de leur clitoris démesurément gros ; Je suis maintenant enclin à croire que le roi a fait faire cela à ces femmes, ce qui, selon Aristote, *Nat. Hist.* IX., 50, a été fait aux truies : « Les truies sont castrées, afin qu'elles ne désirent plus le coït et s'engraissent rapidement. Ils sont castrés, suspendus par leurs pattes postérieures, après deux jours de jeûne, par une incision à l'endroit où chez l'homme se trouvent les testicules, en fait dans la matrice femelle. Pline, *Nat. Hist.* , VIII., 51 : « Les truies sont castrées de la même manière que les chamelles, après un jeûne de deux jours, suspendues par leurs pattes postérieures, par une incision pratiquée dans la vulve ; ils grossissent ainsi beaucoup plus vite. Columelle, VII., IX. 5 : « Les truies sont également castrées par incision de la vulve ; les blessures sont cicatricielles , et ils ne peuvent plus concevoir . Cette pratique n'a en aucun cas disparu ; Schneider le note dans le passage de Columelle ; les truies, vaches, juments, brebis, sont encore castrées par excision de leur ovaire. Pourquoi ne faudrait-il pas croire qu'Adramytes a voulu que le même procédé soit appliqué au beau sexe, afin de rendre les femmes stériles ? Cependant les anciens Égyptiens, qui (voir Strabon, livre XVII, p. 824) se circoncissaient sans doute eux-mêmes, ainsi que leurs femmes, me paraissent avoir eu en vue moins l'ovariotomie que la circoncision du prépuce du clitoris, une pratique encore utilisée chez eux, comme indiqué ci-dessus ; la coupe des parties féminines s'apparentant ainsi à la circoncision, il faut supposer qu'une opération similaire était envisagée plutôt qu'une autre.

<u>119</u> . Consultons à nouveau Aloysia Sigæa , Dialogue III. : « Cela m'est arrivé parfois (Tullia), quand Callias essaie sur moi ses lubrifications, quand il me chatouille et m'excite. Puis j'arrose parfois ses mains trop libertines d'une abondante rosée de mes terrains de plaisir. Et cela lui donne l'occasion de lâcher toute une liasse de sarcasmes et de plaisanteries. Mais qu'est-ce que je peux faire? Je me mets à rire, et lui aussi ; Je lui dis qu'il est trop impudent, il me dit que je suis trop obscène ; nous nous insultons à droite et à gauche, et au milieu de nos récriminations mutuelles il se jettera sur moi, me retournera sur le dos et me forcera à subir son assaut, disant qu'il me donnera ses gouttes de rosée pour ceux qu'il a. retiré de moi, afin que je ne sois pas un perdant. Plus loin, Dial., IV. : « Callias , me serrant plus étroitement contre lui, enfonça plus profondément son arme dans mon ventre,

presque comme s'il cherchait à s'y introduire complètement. Bientôt un délicieux ruisseau jaillit en moi, et en même temps je sentais mon liquide déborder, me causant un tel plaisir que j'en oubliais toute réticence, et moi-même excitais de plus en plus Callias , le serrant contre moi et le suppliant d'accélérer le pas. Ainsi nous avons expiré tous deux ensemble, nos muscles se détendant au même instant. Vous comprendrez par là le sens de l'épigramme à Sosipator dans les *Analecta* de Brunck , I., p. 504 :

> "Jusqu'à ce que la liqueur blanche déborde sur eux deux et que Doras déroule ses membres fatigués."

Reiske pensait que la « liqueur blanche » dans ce passage signifiait des gouttes de transpiration. Absurdité! cela signifie le virus sécrété par les deux sexes et libéré dans les derniers spasmes de la luxure. Aloysie Sigæa , Dialogue IV. : « Comme j'avais fini de parler » (c'est toujours Tullia qui parle), « il se jeta sur moi, et rassemblant toutes ses forces il enfonça la flèche en moi, il remplit mon ventre de sa rosée fécondatrice, et je a également versé le ruisseau de liquide blanc. Incapables de supporter plus longtemps une sensation voluptueuse aussi intense, nous retombons épuisés dans les bras l'un de l'autre. Nous avons d'ailleurs cité à différentes occasions des extraits des riches trésors d' Aloysia. Sigæa , à ce sujet.

120 . Les femmes, dont le clitoris est trop proéminent, sont ainsi empêchées d'avoir des relations sexuelles avec les hommes, de sorte que lorsqu'elles sont prises de desseins amoureux , elles ne trouvent pas d'autre moyen de satisfaire leurs désirs que de jouer au tribadisme. (Vénette IV., II, 4.)

121 . Pyrrha et Methymna sont des villes de Lesbos. Pomponius Mela, II., 7 : « Dans la Troade se trouve Lesbos, et à Lesbos il y avait autrefois cinq villes, à savoir : Antissa , Pyrrha, Eresos , Methymna , Mytilène. »

122 . Non pas innocemment, ou plutôt « non sans crime » ; les uns lisent « que j'ai aimé non sans crime », d'autres « que j'ai aimé ici sans crime », mais la différence n'est pas grande. Si vous préférez « ce que j'ai adoré ici », l'excuse elle-même est un aveu. Tout ce que nous voulons, c'est admettre que les goûts tribades de Sappho ne sont pas une invention moderne, mais qu'ils sont nés, comment nous l'ignorons, et ont prévalu dans des temps très anciens. L'amour de femme pour femme n'a jamais été connu sous un autre nom que celui notoire de tribadisme.

123 . Voyez si c'est avec raison ou non que l'épigramme suivante, non. 69, appelle Philaenis la tribade des tribades .

124 . Pour être bien sûr de ce que l'auteur entend par amours androgynes , regardez le passage dans son ensemble : « Venez, homme des temps nouveaux, législateur des amours inconnues, si vous ouvrez de nouvelles voies à la lubricité des hommes, vous pouvez accorder aux femmes une licence égale. Qu'ils cohabitent ensemble comme les hommes ; que la femme couche avec la femme et simule avec leurs organes lascifs des conjonctions, si stériles soient-elles, comme l'homme couche avec l'homme ! Que le mot qu'on entend si rarement et que j'ai honte de prononcer, que la lubricité de nos tribades triomphe sans rougir. Observez d'abord combien on parlait rarement des tribades et qu'ils se tenaient dans l'ignorance ; en second lieu, comment le clitoris immodéré du tribade simule en conjonction des organes lascifs. Sénèque, *Controverse Secunda* , dans un sens similaire, appelle une telle monstruosité *****, un *homme artificiel* ; enfin l'épithète « stérile » est appliquée au clitoris et désigne l'improductivité sèche du coït tribadique.

125 . Au lieu de « pédifier les garçons », Martial aurait pu dire, si le compteur l'avait permis, « entrer les garçons ». L'expression de Sénèque (Lettre XCV), « *viros ineunt* », qui fut une source de grands ennuis pour le grand Juste Lipsius, ne signifie rien d'autre : « Les femmes disputeront avec les hommes la couronne de lubrification. Que les dieux les confondent ! une de leurs lubrifications raffinées renverse les lois de la nature : ils ont des liens avec les hommes ! Voilà en clair la turpitude que Juste Lipse jugeait digne des régions infernales : les tribades. pédication .

126 . Quand les femmes sont en ornière, elles passent leur eau, la nature le veut, Juvénal, VI., 63-65 : « Que l'obscène Bathyllus danse la pantomime de Léda » (représentant Léda recevant Jupiter dans une danse aux gestes dévergondés :

> " Tuscia ne peut pas contrôler sa vessie, Appula soupire comme en transe amoureuse...")

Le même XI., 166-168 :

> "L'autre sexe ressent cependant plus de plaisir, est viré beaucoup plus tôt et laisse couler l'eau, excité par les yeux et les oreilles."

(Ce que Juvénal dit ici de cette plus grande jouissance de la part du sexe opposé est lié à son opinion générale selon laquelle les femmes éprouvent plus de plaisir dans l'Amour que les hommes. Ainsi ses paroles au VI., 254 : « Car combien notre plaisir est insignifiant. » Tirésias, appelé à arbitrer sur ce point dans Lucien (*Amores* , p. 85), déclarait que la jouissance des femmes est le double de celle des hommes : « À moins que nous ne soyons d'accord avec l'arbitrage de Tirésias, que le plaisir de la femme est le double de celui des hommes. de l'homme'').

Martial, XI., 17 :

> « Combien de fois ton nerf rigide soulèvera-t-il ta tunique, quoique tu sois aussi sévère que Curius ou Fabricius ! Toi aussi, tu dois lire nos pages, si lascives soient-elles, jeune fille, bien que tu sois de Padoue.

127 . Il existe une certaine ambiguïté à propos des « longs siphons ». Ce sont des ruisseaux d'urine passés près de la statue, ou peut-être des moyens juvénaux, pour reprendre l'expression de Grangé : « L'urine jaillit jusqu'au visage de la Déesse, ce qui peut être fait par des femmes impudentes comprimant avec leurs mains leurs parties, et retenant ainsi leurs parties. pendant quelque temps l'eau ; ainsi recueillie, elle jaillira avec plus de force.

128 . Verset 335-339.

> "Mais tous les Maures et les Indiens connaissent bien la fille à la flûte qui montrait un pénis plus gros que les deux anti- Catos du grand César , à cet endroit d'où s'envolerait un rat, conscient de posséder des testicules..."

129 . Les « hanches agiles » sont celles du tribade , qui en chevauche un autre dans la posture du Fotis d'Apulée , *Métamorphe* . II., p. 122, quand elle gratifiait Lucius des joies d'une Vénus sur place.

130 . Tout cela fut effectivement représenté à Paris, en 1791, sur la scène d'un théâtre, où, d'après l'auteur de la *Gyneologie* III., 423, un homme complètement nu avait des relations avec une femme aussi nue que lui, tous deux représentant des sauvages, accompagnés. par les applaudissements des deux sexes. Il n'y a pourtant rien de nouveau sous le soleil. Chez les Romains, il était d'usage depuis longtemps, une fois les jeux publics terminés, d'amener des prostituées dans l'arène et de les faire travailler, afin que les spectateurs aient l'occasion de jouer ce qu'ils avaient regardé avec des yeux avides ; un héraut annonçait ce qui allait arriver. Tertullien, *De Spectaculis* , ch. 17 : « Les prostituées, victimes de l'incontinence publique, sont amenées sur scène, honteuses à l'égard des femmes seules ; aux hommes, ils étaient connus ; ils sont exposés au rire de tous, haut et bas ; leurs logements, leurs prix, même leurs recommandations étaient proclamés par le

crieur. Isidore , *Origines* , XVIII., 42 : « Le théâtre est comme un bordel ; quand les jeux sont finis, les femmes publiques s'y prostituent. Le viol des Sabines décrit dans Tite-Live (II., 18) semble avoir été une forme d'amusement assez similaire : « Cette année-là, de jeunes Sabines à Rome ayant, au milieu des jeux, enlevé des prostituées, le tumulte qui s'ensuivit a alors dégénéré en émeute, voire presque en bataille.

131 . Observez la subtilité de l'expression adoptée par le poète : « offre ses fesses à un âne pour qu'il les monte ». Juvénal sait qu'une femme n'a aucune chance d'avoir en elle une mentule d'âne sauf en tournant le dos à la bête.

132 . Platon, *Symposium* (Works, édition Zweibrücken , vol. X., p. 205) imagine une autre origine ; dans le passage où il raconte la célèbre fable, selon laquelle Jupiter avait coupé les hommes en deux, il dit : « Quant à ces femmes qui sont des moitiés de femmes, elles ne sont pas beaucoup tourmentées par les désirs des hommes ; mais ils sont beaucoup plus enclins à s'amuser avec les femmes ; les hetairistriae descendent de leur catégorie.

133 . Une autre utilisation de ces moteurs en cuir a été notée au ch. II.

134 . Cette espèce de serpent servait aussi à amuser les hommes. Suétone, *Tibère* , ch. 72 : « Il gardait pour s'amuser un serpent ; un jour, alors qu'il allait comme d'habitude le nourrir, il le trouva entièrement dévoré par des fourmis, ce qu'il prit comme un avertissement pour se garder d'être attaqué par une foule. Pline, *Nat. Hist.* XXIX., ch. 4 : « Le serpent d'Esculape a été amené à Rome depuis Épidaure ; il était conservé dans les édifices publics, ainsi que dans les maisons privées. Sénèque, dans le *De Ira* , II., ch. 31, parle de : « Ces serpents qui glissent inoffensivement au milieu des coupes et dans le sein des convives. » Ils n'étaient pas de petite taille ; cela ressort de ce que dit Philostrate dans ses *Héroïques* , VIII., 1 : « Ajax avait un serpent apprivoisé de cinq coudées de longueur, qui le tenait près de lui, le guidait dans son chemin et le suivait partout comme un chien. » Cette espèce de serpent était très commune à Pella, en Macédoine, comme le dit Lucien dans un passage cité dans le texte : « Il y en a beaucoup dans leur pays. » On en trouve encore en Italie, selon Justus Lipsius dans ses Notes à Sénèque.

135 . « Sabine, ou la toilette matinale d'une dame romaine à la fin du premier siècle », traduit en français par Clapier , 1813, in-8.

CHAPITRE VII

DES RAPPORTS AVEC LES ANIMAUX

Il ne sera pas déplacé de parler ici de l'incontinence de ceux qui ont eu des relations charnelles avec des animaux. Il paraît qu'en Egypte les Mendésiens , qui rendaient des honneurs divins à un bouc [[136]] , lui prostituaient publiquement des femmes, même contre son gré, en célébrant ses rites. Hérodode II., 46 :

> « Une affaire monstrueuse était liée à ce quartier (à savoir le Mendésien) à mon époque ; un bouc couvrait une femme en public.

Strabon, XVII., p. 802 :

> « Mendès, où l'on adore Pan et un bouc vivant ; ces derniers en ce lieu ont des relations sexuelles avec des femmes [137] .»

Les Juifs connaissaient aussi quelque chose de cette pratique ; comme nous le savons d'après la loi de Moïse, Lévitique XX., 15-16 :

> « Et si un homme couche avec une bête, il sera certainement mis à mort ; et vous tuerez la bête. Et si une femme s'approche d'une bête et se couche dessus, tu tueras la femme et la bête : elles seront sûrement mises à mort »...

Comment Juvénal aurait-il dû nous dire, Satire VI., 332-33 :

> « … il n'y a plus de retard ; elle s'empresse de se faire monter par derrière par un âne », si l'on n'avait pas su que les femmes se soumettaient parfois aux ânes ? Apulée aurait-il songé à nous décrire avec autant de minutie que d'esprit la scène dans laquelle Lucius, transformé en âne par une erreur de Fotis , fait l'amour avec une matrone ? *Métamorphoses* , livre X., p. 249 :

> « Mais j'étais en proie à de graves appréhensions ; Je me demandais comment, avec mes jambes longues et grossières, je pourrais monter une femme délicate, serrer de mes sabots durs ses membres doux et tendres qui ressemblaient à du lait et du miel ; comment pourrais-je, avec ma bouche énorme, garnie de dents grosses comme des pierres tombales, embrasser ces petites lèvres roses et parfumées ; comment enfin cette dame, bien qu'en rut jusqu'aux ongles, pouvait-elle accueillir une si grande verge génitale... Elle redoublait pourtant ses tendres attraits, ses baisers interminables, ses doux murmures, entrecoupés de doux regards comme des piqûres : « Je te tiens enfin, cria-t-elle, je tiens ma colombe, mon moineau ! et cela dit, elle me

montra combien mes craintes avaient été vaines ; pour m'embrasser le plus étroitement possible, elle me reçut tout entière de l'intérieur, de l'extérieur et de l'extérieur. Bien plus, chaque fois que je reculais pour l'épargner, elle se rapprochait de moi, et me serrant l'épine comme une folle, elle s'accrochait si fort à moi que, par Hercule, je commençais à penser que je n'étais pas assez bien équipé. pour apaiser complètement sa passion.

Une jeune fille de Toscane s'est fait couvrir par un chien au temps de Pie V., le pape romain, comme le rapporte Venette II., iv., ch. 3 ; et d'après une note d' Elmenhorst sur le passage d'Apulée cité ci-dessus, une femme fut découverte à Paris, en octobre 1601, avoir eu des relations avec un chien. On fit appel de la loi et, conformément au verdict unanime prononcé par le parlement, la femme adultère et le chien furent tous deux brûlés vifs. Non! bien plus, on a vu une femme se soumettre à un crocodile, si l'on en croit Plutarque, qui rapporte dans son traité *De la sagacité des animaux* (p. 976, vol. II, des Œuvres complètes) :

> « Tout récemment, notre excellent Philin , au retour d'un long voyage en Égypte, m'a raconté qu'il avait vu à Antéopolis une vieille femme endormie avec un crocodile confortablement étendu à côté d'elle sur son grabat.

Les hommes n'ont pas non plus méprisé la vulve des animaux. La planche III des *Monuments du Culte Secret des Dames Romaines* montre l'image d'un homme travaillant sur une chèvre, bien que l'annotateur n'aurait pas dû citer pour l'illustrer un passage de Virgile (*Bucoliques* III., 8.), qui n'a rien à voir avec cette affaire :

> "Nous savons qui vous a pédiqué , tandis que les boucs vous regardaient de travers."

Dans nos pays, des affaires judiciaires montrent que non seulement les chèvres, mais aussi les moutons, les vaches et les juments, ont parfois charmé les bergers et autres gens de basse éducation.

NOTES DE BAS DE PAGE - DES RAPPORTS AVEC LES ANIMAUX

<u>136</u> . Plutarque, *Des animaux qui ont de la raison* , p. 989, vol. II., de ses ouvrages : « On rapporte en Egypte le bouc Mendès, enfermé avec un grand nombre de femmes toutes belles, refusant de rien avoir à faire avec elles, et préférant de loin les chèvres. »

<u>137</u> . Si l'on en croit Venette (II., iv. 3), il n'y a rien de plus courant en Egypte aujourd'hui que que des jeunes femmes aient des relations sexuelles avec des boucs.

CHAPITRE VIII

DES POSTURES SPINTRIENNES

Dans les diverses sortes de jouissances voluptueuses que nous avons étudiées jusqu'à présent, il n'y a presque toujours que deux personnes en action. Il arrive néanmoins que plus de deux, trois ou même davantage puissent s'amuser ensemble ; c'est ce que nous appelons d'après Tibère, le genre spintrien . Suétone, *Tibère* , ch. 43 :

> « Dans sa retraite de Capri, il avait une *sellaria* , théâtre de ses débauches secrètes, dans laquelle des groupes choisis de jeunes filles et de voluptueux épuisés, inventeurs de conjonctions monstrueuses, appelés par lui *spintries* , formaient une triple chaîne, se livraient à souillures mutuelles en sa présence, afin de ranimer par ce spectacle ses désirs langoureux.

Cette *sellaria* , d'après l'étymologie du mot, était évidemment une pièce meublée de sièges ; ceux qui se prostituaient sur ces sièges étaient appelés *sellarii* , à cause du lieu, et *spintriae* , à cause de la chaîne qu'ils formaient. Spinter , selon Festus, p. 443, signifiait « une sorte de bracelet porté par les femmes sur la partie supérieure du bras gauche ». Le mot est probablement une corruption de *sphincter* , le dieu grec de ****, « je serre », comme par exemple une bande entourant le bras. Tacite, *Annales* , VI., ch. 1:

> "Ensuite, on a inventé des noms jamais connus auparavant, comme par exemple *sellarii* et *spintriae* , noms tirés de la turpitude du lieu ou des infamies compliquées subies."

Les spintries sont donc ceux qui, liés comme les anneaux d'un bracelet, accomplissent ainsi les plaisirs de Vénus. Trois peuvent s'unir ainsi, deux et deux, de telle sorte que tandis que celui du milieu est un fornicateur ou un pédicon , devant se trouve une femme ou un cinéaste , derrière un pédicon . Telle était la chaîne formée par ceux qu'Ausonius (*Épigramme* CXXIX.) décrit [138] :

> « Trois dans un lit ; deux se soumettent à l'acte infâme, deux l' accomplissent. — Il y en a quatre, je suppose. — Faux ! aux plus éloignés, donnez chacun une scélératesse ; comptez deux fois l'homme du milieu, car il agit et se soumet.

Voulez-vous voir celui du milieu travailler avec une femme ? Assiette XL. des *Monuments de la Vie Privée des douze Césars* vous montre un exemple. Souhaitez-vous voir celui du milieu pédifier ? Regardez la planche XXVII.

Il n'est cependant pas nécessaire que l'acteur intermédiaire fornique ou pédique . Il peut être placé entre ses deux compagnons de telle sorte que pendant qu'il subit l'assaut d'un pédéraste par derrière, il puisse par devant irrumer, sucer un membre ou lécher une vulve. Hostius , dont l'esprit était si fécond pour inventer des obscénités qu'il fut donné en exemple aux siècles futurs, a essayé toutes ces postures et y a même ajouté de nouvelles variantes. Sénèque (*Nat. Quaest .*, I., 16) s'est élevé contre lui avec plus de véhémence qu'il ne convient peut-être à un philosophe. Il me semble qu'une secrète volupté agit ici sur le sens de ce rigide gardien de la vertu ; il dit:

> « Je vais vous raconter ici une histoire qui vous montrera que la luxure ne dédaigne aucun artifice destiné à éveiller les désirs et à stimuler sa propre fureur. La lascivité d' Hostius était de la plus extrême espèce. C'était ce riche avare, cet esclave de cent millions de sesterces, dont Auguste ne vengerait pas la mort, alors qu'il avait été assassiné par ses esclaves, bien qu'il ne dise pas qu'ils avaient raison de le tuer. Sa lubricité ne se contentait pas d'un seul sexe ; il était aussi passionné pour les hommes que pour les femmes. Il fit fabriquer des miroirs qui grossissaient tellement les reflets qu'un doigt paraissait aussi gros qu'un bras. Ces miroirs étaient placés de telle manière que, lorsqu'il avait un homme sous lui , il pouvait observer chaque mouvement de son complice et jouir comme de la taille fictive de son membre. Il choisit ses hommes avec soin, le mètre à la main, et devait encore tromper son insatiable passion. Il serait trop indigne de rapporter tout ce que ce monstre, qui aurait dû être mis en pièces, a osé dire et faire de sa bouche ; entouré de tous côtés par ses miroirs, il était le spectateur de ses propres turpitudes, et de ces infamies secrètes que tout homme nierait s'il en était accusé, il se rassasiait non seulement de sa bouche, mais aussi de ses yeux. Et, par Hercule, les crimes, en général, évitent leur propre reflet ; les hommes dépourvus de tout sentiment d'honneur et exposés à toutes les injures ont encore quelque honte et ne paraissent pas tels qu'ils sont. Mais il régalait ses yeux d'infamies inouïes et inconnues, et, non content de voir simplement combien il se déshonorait, il s'entourait de miroirs, pour multiplier et grouper ses lubrifications. Comme il ne pouvait tout voir distinctement tout seul, lorsque, sous la direction d'un homme, il avait la tête entre les cuisses d'un autre, il voyait par ses miroirs ce qu'il faisait et comment. Il voyait le travail obscène de sa bouche et se regardait absorber les hommes par tous les orifices. Parfois placé entre un homme et une femme, jouant dans les deux sens le rôle passif, il pouvait voir les plus grandes abominations. L'obscurité n'était pas pour lui ! Loin d'avoir peur de la lumière du jour, il la voulait pour ses copulations monstrueuses, et était fier de les éclairer par elle. Bien plus, il voulait même être peint dans ces attitudes. Même les

prostituées ont une certaine réserve, et celles qui s'abandonnent aux outrages de tous voilent en quelque sorte leurs pauvres complaisances , et le bordel même garde quelques reliques de décence ; mais ce monstre faisait de ses obscénités un spectacle pour lui-même.

« Oui, dit-il, je me soumets à la fois à un homme et à une femme ; mais néanmoins avec les organes qui me sont laissés libres je peux encore commettre une pire ignominie. Tous mes membres sont pollués ; alors mes yeux participeront aussi à mes jouissances, ils seront témoins et juges. Ce que je ne peux pas voir naturellement, laissez-le-moi le voir à l'aide de l'art, afin que je n'ignore pas ce que je fais. Peu m'importe que la Nature ait fourni à l'homme des organes de volupté si insignifiants, la même nature qui a si bien fourni aux animaux ; Je trouve moyen de tromper ma passion et de me satisfaire. Où est le mal si j'essaie d'imiter la nature ? J'aurai des miroirs qui refléteront des images de dimensions incroyables. Si je le pouvais, je rendrais ces images réelles ; comme je ne le peux pas, je dois me contenter de fantômes. Laissez-moi voir ces objets obscéniens plus grands qu'ils ne le sont en réalité, et me surprendre à leur vue !

Planche XXI. des *Monuments de la Vie Privée des douze Césars* montre le tableau de Tibère dans une posture spintrienne très étrange , qui n'est pourtant pas sans charme ; l'empereur, à demi allongé sur le dos, lèche le sexe d'une jeune fille agenouillée sur lui, tandis qu'il offre son sexe à une autre.

Il existe également des arrangements où plus de trois peuvent se joindre, créant ainsi une chaîne plus longue. Qu'un homme mette son membre dans une femme pendant qu'ils sont tous deux pédiqués en même temps, et vous avez quatre personnes formant une triple chaîne, comme celles de Tibère dans le passage de Suétone cité plus haut. Supposons alors un autre pédicône à chaque extrémité, et vous avez alors un groupe de cinq, formant un quadruple entrelacement. Martial, XII., 43 :

« Il existe des figures inédites de l'Amour, telles que peuvent s'y essayer les fornicateurs passionnés, telles que les libertins expérimentés les exécutent et en gardent le secret ; comment cinq peuvent copuler dans un groupe, combien plus encore peuvent être connectés dans une chaîne.

Regardez la planche XXXVI. des *Monuments de la Vie privée des douze Césars* , avec un groupe de cinq copulateurs artistiquement diversifiés. Néron, couché sur le ventre, entre dans une fille qui est sur le dos, en léchant en même temps le sexe d'une autre qui est debout ; lui-même est pédiqué , tandis que la jeune fille debout soumet également son derrière à un pédicon . Qu'une telle chaîne puisse s'étendre à l'infini, cela va de soi .

<u>138</u> . Traduction par Ausonius d'une épigramme grecque de Strates, que l'on trouve dans l'ouvrage de Brunck. *Analectes* , II., 380.

ÉNUMÉRATION
DES POSTURES ÉROTIQUES

1. L'homme, face contre terre, prend entre ses cuisses la femme, qui s'allonge sur le dos, les jambes tendues.

2. L'homme face vers le bas est pris entre ses cuisses par la femme, qui s'allonge sur le dos, les jambes écartées.

3. La femme allongée sur le dos ne prenant qu'une jambe de son cavalier entre ses cuisses.

4. La femme allongée sur le dos, les pieds croisés sur les reins de l'homme.

5. La femme allongée sur le dos, une de ses jambes étendue et l'autre sur les reins de l'homme.

6. La femme allongée sur le dos avec le cavalier monté sur elle, le dos tourné vers son visage.

7. La femme couchée sur le dos, avec le cavalier monté en travers d'elle.

8. L'homme couché avec la femme à moitié couchée sur le côté, les jambes étendues.

9. L'homme couché avec la femme à moitié couchée sur le côté, une jambe étendue, l'autre sur les reins de l'homme.

10. La femme à moitié couchée, l'homme à cheval lui tournant le dos.

11. L'homme à genoux, la femme sur le dos, les jambes ouvertes.

12. La femme sur le dos, les jambes appuyées sur les reins de l'homme, qui est agenouillé. .

13. La femme sur le dos, une jambe étendue, l'autre appuyée sur les reins de l'homme qui est agenouillé.

14. La femme sur le dos avec ses jambes sur les épaules de l'homme agenouillé.

15. La femme sur le dos avec une jambe appuyée sur les reins de l'homme qui est à genoux et l'autre sur son épaule.

17. L'homme agenouillé entre dans la femme, qui est en position assise, les cuisses ouvertes.

18. La femme assise, une jambe étendue et l'autre appuyée sur les reins de l'homme agenouillé.

19. La femme assise, les deux jambes appuyées sur les reins de l'homme agenouillé.

20. La femme assise avec une jambe tendue et l'autre sur l'épaule de son cavalier à genoux.

21. La femme assise avec ses deux jambes sur les épaules de son cavalier agenouillé.

22. La femme assise, une de ses jambes sur l'épaule de l'homme à genoux, l'autre allongée.

23. L'homme à genoux, la femme qui lui tourne le dos.

24. L'homme sur le dos, la femme face à lui.

25. L'homme sur le dos avec la femme qui lui tourne le dos.

26. L'homme sur le dos, la femme en travers de lui.

27. L'homme sur le dos, avec la femme levée.

28. L'homme assis avec la femme en face de lui.

29. L'homme assis, la femme face à lui, les jambes en l'air.

30. L'homme assis avec la femme lui tournant le dos.

31. Homme et femme debout.

32. Homme et femme debout, une jambe de l'homme ou de la femme levée.

33. L'homme debout, avec la femme sur le dos, les jambes ouvertes.

34. La femme couchée sur le dos, les jambes levées sur les reins de l'homme debout.

35. La femme allongée sur le dos, une jambe étendue et l'autre levée sur les reins de l'homme qui est debout.

36. La femme sur le dos, avec ses deux jambes sur les épaules de l'homme, qui est debout.

37. La femme sur le dos, une jambe tendue et l'autre sur l'épaule de l'homme, qui est debout.

38. La femme sur le dos, une de ses jambes sur l'épaule de l'homme debout, l'autre sur ses reins.

39. L'homme debout, la femme à moitié couchée sur le côté.

40. L'homme debout, entrant dans la femme assise, les jambes ouvertes.

41. L'homme debout, entrant dans la femme assise, les jambes en l'air.

42. L'homme debout, la femme assise avec une jambe tendue et l'autre levée.

43. L'homme debout et la femme levée.

44. La femme se leva, les jambes posées sur les épaules de l'homme debout.

45. L'homme debout, la femme à genoux, lui tournant le dos.

46. L'homme debout, la femme accroupie, lui tournant le dos.

47. L'homme debout, la femme lui tournant le dos, la partie inférieure du corps surélevée et la partie supérieure appuyée sur le lit.

48. L'homme debout, la femme lui tournant le dos avec la partie inférieure du corps artificiellement relevée.

49. Un homme allongé et en train d'être pédiqué .

50. Un homme pédiait debout.

51. Un homme à genoux en train d'être pédiqué .

52. Un homme pédiqué accroupi.

53. Irrumateur couché.

54. Irrumateur assis.

55. Irrumateur debout.

56. Irrumateur à genoux.

57. Irrumateur accroupi.

58. Cunnilingue allongé.

59. Cunnilingue assis.

60. Cunnilingue debout.

61. Cunnilingue à genoux.

62. Cunnilingue accroupi.

63. Fellatrix et cunnilingue.

64. Masturbateur.

65. Le coup de main.

66. Une troisième main aidante.

67. Le doigt aidant.

68. L'assistance d'une *godemiche en cuir* .

69. Coït avec un animal mâle.

70. Coït avec une femelle.

71. Tribad au travail sur une femme.

72. Tribade pédication .

73. Trois filatures : un fornicateur pédiqué .

74. Trois spintries : un pédéraste pédiqué .

75. Trois spintries : un fellateur en cours de pédication .

76. Trois spintries : un fellateur entrant dans une femme.

77. Trois spintries : un fellateur pédifiant .

78. Trois spintries : un fellateur irrumant.

79. Trois filatures : une fellatrice entrée par un homme.

80. Trois spintries : une fellatrice pédiée .

81. Trois spintries : une fellatrice offre sa vulve à lécher.

82. Trois filatures : un cunnilingue forniqueur.

83. Trois spintries : un cunnilingue pédifiant .

84. Trois filatures : un cunnilingue irrume.

85. Trois spintries : un cunnilingue étant pédiqué .

86. Trois filatures : une femme cunnilingue est entrée par un homme.

87. Trois spintries : une femelle cunnilingue est pédiqué .

88. Quatre filatures formant une double chaîne.

89. Quatre filatures formant une triple chaîne.

90. Groupe de cinq copulateurs .

LA FIN